工程担保百问

工程担保百问编写委员会　　组织编写

中国财政经济出版社

图书在版编目（CIP）数据

工程担保百问/《工程担保百问》编写委员会组织编写. —北京：中国财政经济出版社，2011.8

ISBN 978 - 7 - 5095 - 2989 - 8

Ⅰ.①工… Ⅱ.①工… Ⅲ.①建筑工程 - 担保 - 问题解答 Ⅳ.①F407.9 - 44

中国版本图书馆 CIP 数据核字（2011）第 136077 号

责任编辑：张　军　　　　责任校对：黄亚青

封面设计：智兴设计室　　版式设计：兰　波

中国财政经济出版社 出版

URL：http：//www.cfeph.cn

E - mail：cfeph @ cfeph.cn

社址：北京市海淀区阜成路甲 28 号　邮政编码：100142

发行处电话：88190406　财经书店电话：64033436

河北省零五印刷厂印刷　各地新华书店经销

787 × 1092 毫米　16 开　10 印张　237 000 字

2011 年 8 月第 1 版　2011 年 8 月河北第 1 次印刷

定价：30.00 元

ISBN 978 - 7 - 5095 - 2989 - 8/F · 2531

（图书出现印装问题，本社负责调换）

本社质量投诉电话：010 - 88190744

编委会名单

主　编：缪长江

编　委：（按姓氏笔画排序）

杨智慧　邓晓梅　孙继德　杨卫东　傅仰艺

赵　勇　栾建平　刘伊生　何中信　李启明

程国顺　徐友全　史汉星　白红磊　何佰洲

前 言

工程担保是建筑工程领域控制风险、规避风险的重要手段，是工程风险管理研究的重要课题。工程风险是影响项目目标实现的客观不确定性事件或因素的集合。建筑产品与其他产品相比，具有规模大、周期长、生产的单件性和复杂性等特点，在实施过程中存在许多不确定的因素，比一般产品生产具有更大的风险。因此，国际上把建设工程风险管理看做是项目管理的重要组成部分，把风险管理和目标控制视为项目管理的两大基础。

从总体上看，我国的工程风险管理水平仍十分落后，工程风险管理制度尚不完善。与发达国家和地区相比，我国的风险管理尚处于起步阶段。我国工程项目普遍存在投资失控现象，其原因主要是对影响和制约工程项目的风险因素没有进行评估和控制，导致在工程项目建设中由于风险引起的大量损失。

工程担保制度起源于美国公共投资建设领域，至今已有一百七十多年的历史。作为工程建设领域风险控制的一种责任机制，工程担保充分利用信用手段，加强建设市场主体及保证人之间的责任关系，能够有效地保障工程建设顺利地进行。

为建立和完善我国建筑市场信用机制，规范建筑市场经济秩序，加强工程风险管理，维护建筑市场各方主体的合法权益，建设部自1999年以来，启动了我国建筑工程担保制度的试点工作，曾先后发布了《关于在房地产开发项目中推行工程建设合同担保的若干规定（试行）》（建市［2004］137号文）和《工程担保合同示范文本》，有力地推动了我国工程担保事业的发展。

本书共分为工程担保概述、工程担保模式、运行机制、风险控制、市场监管和相关法律法规等六个部分，同时收录了有关工程担保的重要法律文件。

囿于作者水平，本书尚有偏颇甚至谬误之处，敬请读者批评指正。

本书编委会

二〇一一年六月二十六日

目　录

第1章　工程担保概述

1. 担保的含义

担保是一个动词，通常表示负责，保证不出问题或一定办到。如果出现问题或不能办到的情况，担保人往往需要对担保行为负责。在民法上，担保是指以确保债权清偿为目的的行为。《民法通则》规定：债，是指按合同的约定或者依照法律的规定，在当事人之间产生的特定权利和义务。债主要因为合同行为、侵权行为、不当得利和无因管理而产生，不是所有的债都可以通过担保行为进行保障的。

2. 我国关于担保活动的立法概况

担保立法分为两类，包括担保机构组织法和担保行为法。担保机构组织法是规范信用担保经营主体的成立、组织机构、运作方式、经营范围、行业监管和法律责任的法律；担保行为法是规范担保行为和法律允许作为担保人的其他主体的担保关系的法律。担保行为法不只是针对担保公司，它调整的是民事、经济活动中所有的担保关系。

我国的担保公司是依据公司法成立的普通公司，而不是特别法。在我国设立各类担保公司，除因经营担保业务的特殊性需要主管部门批准外，其设立程序基本上按照普通公司的设立程序进行。对因特定目的而设立的担保公司，政府部门发布的规范意见、管理办法，也部分起到担保机构组织法的作用。现有的有关组织制度方面的法律与规章制度还不能完全满足信用担保业广阔发展的需要。

在担保行为法方面，我国建立起了以《民法通则》、《合同法》、《物权法》为基本法，以《担保法》为核心，以最高人民法院司法解释为重要补充的完整的担保法体系。

3. 我国与担保有关的法律和规章制度

- 《中华人民共和国民法通则》、《中华人民共和国担保法》、《中华人民共和国物权法》、《中华人民共和国公司法》、《中华人民共和国合同法》、《中华人民共和国农村土地承包法》、《中华人民共和国矿产资源法》、《中华人民共和国企业破产法》等。
- 《中华人民共和国城镇国有土地使用权出让和转让暂行条例》、《最高人民法院关于适用〈中华人民共和国担保法〉若干问题的解释》、《中华人民共和国物权法释义》等。
- 《中华人民共和国海域使用管理办法》、《动产抵押登记办法》、《森林资源资产抵押登记办法（试行）》、《城市房地产抵押管理办法》、《个人定期存单抵押贷款办法》、《单位定期存单质押管理规定》、《应收账款质押登记办法》、《著作权质押合同登记办法》、《专利权质押登记管理暂行办法》、《商标专用权质押登记程序》、《最高人民法院关于执行设定抵押的房屋的规定》、《境内机构对外担保管理办法》、《境内机构对外担保管理办法实施细则》、《工商行政管理机关股权出质登记办法》、《关于涉及担保纠纷案件的司法解释适用和保证责任方式认定问题的批复》、《关于〈保证保险〉业务的批复》、《关于在房地产开发项目中推行工程建设合同担保的若干规定（试行）》、《关于在建设工程项目中进一步推行工程担保制度的意见》等。

4.《担保法》的适用范围

《担保法》的立法目的是，为促进资金融通和商品流通，保障债权的实现，发展社会主义市场经济，并规定在借贷、买卖、货物运输、加工承揽等经济活动中，债权人需要以担保方式保障其债权实现的，可以依照《担保法》的规定设定担保。反担保适用《担保法》的规定。

《担保法》司法解释对《担保法》调整的对象进行了扩大，即“当事人对由民事关系产生的债权，在不违反法律、法规强制性规定的情况下，以《担保法》规定的方式设定担保的，可以认定为有效。”

5. 担保方式有哪些

对担保方式的划分角度不同，划分的结果也不相同。通常担保方式可以分为人保和物保，也可以分为典型担保方式和非典型担保方式，也有的根据担保发生的依据不同将担保分为约定担保和法定担保，还有的将担保分为再担保、共同担保和反担保。

《担保法》明确的保证，属人保，仅在债权人、保证人之间发生效力，保证人以全部责任财产承担保证责任；抵押、质押、留置、定金属于物保，担保人以特定财产承担担保责任。物保不仅在债权人、担保人之间发生效力，而且有对抗第三人的效力，当事人侵占担保物构成侵权的，依法承担侵权责任。

如果从适用法律的角度出发，可以将“成文法有明确规定、法律适用清楚、担保效力易于确定、担保权利义务稳定”的担保方式称为典型担保，如《担保法》设定的保证、抵押、质押、留置、定金等五种担保方式称为“典型担保”，其他的担保方式称为“非典型担保”。有物的担保内容的非典型担保，如按揭、所有权保留、附让与担保内容的有价证券回购、进口押汇、账户质押等，有无物的担保内容的合同型非典型担保，如有追索权的应收账款转让、附买回条款的买卖、收费权担保等。

约定担保是指完全由当事人双方自行约定的担保，法定担保是指有法律直接规定而不是由双方当事人自行约定的担保。

有第三人向债权人承诺，当债权的担保人无力独立承担全部担保责任时，由该第三人代替担保人向债权人继续补充清偿担保人对债权的剩余清偿责任。这个承担再担保的第三人称为“再担保人”，其承担的继续清偿责任，称为“再担保”；由多个不同担保人对同一债权同时提供担保的，称为“共同担保”；债务人为了获得担保人向债权人提供担保，由债务人或第三人向该担保人提供的担保。反担保人可以是债务人，也可以是债务人之外的其他人。反担保方式可以是债务人提供的抵押或者质押，也可以是其他人提供的保证、抵押或者质押。

6. 工程担保的含义

工程担保也属担保的范畴，是指在工程建设活动中，根据法律法规的规定或合同约定，由担保人向债权人提供的、保证债务人不履行债务时，由担保人代为履行或承担责任的法律行为。工程担保往往又称为“工程保证担保”，是担保人以保证的方式向债权人提供债务人履行合同的担保。实际上，只要与工程建设相关而采取的保证、抵押、质押、留置、定金等都是工程担保的合法方式。

工程保证担保涉及三方当事人的契约关系。承担保证担保的一方称为担保人或保证人，接受担保的一方称为债权人、权利人或受益人，对于债权人有某种义务的一方称为债务人，或被担保人、义务人、委托担保人、投保人。工程保证担保可分为一般保证和连带责任保证。如果当事人对保证方式没有约定或约定不明时，担保人按照连带责任保证承担保证责任。

一般保证人享有先诉抗辩权，该权利保障保证人仅为第二顺序债务人，所承担的责任是债务人不能承担的部分。连带保证责任不享有先诉抗辩权，对全部债务承担保证义务。

7. 《担保法》规定的法律责任

担保活动应当遵循平等、自愿、公平、诚实信用的原则。

担保合同是主合同的从合同，主合同无效，担保合同无效。担保合同另有约定的，按照约定。

担保合同被确认无效后，债务人、担保人、债权人有过错的，应当根据其过错各自承担相应的民事责任。

《担保法》规定的民事责任主要有两大类，即担保责任和赔偿责任。但司法实践中，因担保行为而产生的民事责任还有《合同法》规定的违约责任和缔约过失责任。

（1）担保责任

有效的担保关系产生担保责任，即担保人允诺在债务未得到清偿时，担保人依其允诺承担代为履行债务或承担赔偿责任的法律责任。由于担保责任产生于担保人对债权人的承诺，该责任在民法理论上被归纳入约定责任。当事人承担责任的基础和依据是当事人真实意思表示作出的承诺，不一定需要对价，担保人的承诺直接构成强制执行的基础，债权人对担保人是否给付对价，并不构成担保人是否承担担保责任的条件。担保责任又分为履行责任和维持责任。

1）履行责任。担保有效时，担保人在所担保的债权得不到清偿时，应依据合同的约定代债务人履行债务或承担担保责任。该责任产生于债务人不履行债务之时，责任内容是履行债务人应当承担的债务或其他法律责任，因此称之为“履行责任”。履行责任是担保人应当履行的主要责任。

2）维持责任。担保有效时，担保合同对双方都有约束力。维持责任是指，为保障债权的实现，担保人和债权人应当承担的维护担保物价值的责任。维持责任既针对担保人，同样也针对债权人。义务人在违反法律规定的维持担保物价值义务时，相对方可以根据法律的规定要求义务人承担相应的民事责任。

（2）赔偿责任

《担保法》规定的赔偿责任是指担保关系无效时，担保人因其过错承担的对债权人的民事赔偿责任，从性质上看这种责任属广义的缔约过失责任的一种。

（3）违约责任

因担保行为产生的违约责任，通常出现在抵押、质押等设权合同中，该类合同虽被确认有效，但合同所设权利嗣后不能行使。因设权合同有效，而合同所设物权又不能行使，司法实践中这类情况只能诉诸《合同法》所规定的违约责任。

（4）缔约过失责任

因担保行为产生的缔约过失责任通常发生在担保合同不生效的情况下。担保合同不生效，担保人如果对合同不生效有过错，因此导致债权人损失的话，担保人也不排除承担民事责任。如附生效条件的保证合同，因保证人的原因导致合同不生效，保证人因此对债权人承担缔约过失责任。缔约过失责任的产生与担保人的过错直接相关，通常担保人存在违背诚实信用的情形。

违约责任和缔约过失责任的法律依据是合同法，虽不属于《担保法》规定的责任类型，但可以归入“因担保行为产生的其他法律责任”类型之中。

8. 如何界定无效担保的法律责任

《担保法》第五条第二款规定：“担保合同被确认无效后，债务人、担保人、债权人有过错的，应当根据其过错各自承担相应的民事责任。”

（1）主合同有效而担保合同自身无效，担保人的责任

《〈担保法〉司法解释》第七条规定：“主合同有效而担保合同无效，债权人无过错的，担保人与债务人对主合同债权人的经济损失，承担连带赔偿责任；债权人、担保人有过错的，担保人承担民事责任的部分，不应超过债务人不能清偿部分的二分之一。”

1）主合同有效而担保合同无效，债权人无过错的，担保人与债务人对主合同债权人的经济损失，承担连带赔偿责任。在这种情况下，债权人没有过错是指，对担保合同的无效既无过错，也不知担保合同存在无效原因，依照缔约过失责任理论，债权人可以要求存在缔约过失的担保人承担赔偿责任，该情况下担保人和债务人均为债权人的连带债务人。但由于担保人主体资格不具备而无效，如国家机关作担保人的，不属于债权人无过错的情况。因为担保人主体资格欠缺是显而易见的，在法律禁止某类主体作担保人的情况下，债权人仍然接受这样的担保，债权人应当被认为有过错。

2）主合同有效而担保合同无效，债权人、担保人有过错的，担保人承担民事责任的部分，不应超过债务人不能清偿部分的二分之一。这种情况在担保合同无效的时候比较常见，担保人根据过错的大小仅承担部分赔偿责任，且上限是不能清偿部分的二分之一。

（2）主合同无效导致担保合同无效，担保人的责任

《〈担保法〉司法解释》第八条规定：“主合同无效而导致担保合同无效，担保人无过错的，担保人不承担民事责任；担保人有过错的，担保人承担民事责任的部分，不应超过债务人不能清偿部分的三分之一。”主合同无效导致担保合同无效的，担保人原则上没有义务为主合同负责，所以担保人应承担的责任及责任的份额均与担保合同自身无效时有所区别。

1）主合同无效而导致担保合同无效，担保人应承担的责任份额。担保人无过错的，担保人不承担民事责任。担保人无过错是指，担保人对主合同无效原因不知也不应知，或不存在明知主合同无效仍促成主合同成立或为主合同的签订作中介等情节的，担保人免于承担赔偿责任；担保人有过错的，担保人承担民事责任的部分，不应超过债务人不能清偿部分的三分之一。这种情况是指，担保人明知主合同无效仍为之提供担保，或担保人明知主合同无效仍促成主合同成立或为主合同的签订作中介等。

2）担保人承担责任的范围。在计算赔偿责任份额时，限定为“债务人不能清偿部分”。不能清偿部分是指，债务人的财产已经被执行仍不能偿付的，同时担保人承担的责任范围应当理解为债务人应当承担的主债权、利息等全部“债务不能清偿的部分”。

(3) 主合同与担保合同均无效，担保人的责任

当主合同和担保合同均存在无效原因，各自无效的情况，司法解释没有单独规定担保人的责任范围。

(4) 担保人承担赔偿责任后的追偿权

《〈担保法〉司法解释》第九条规定：“担保人因无效担保合同向债权人承担赔偿责任后，可以向债务人追偿，或者在承担赔偿责任的范围内，要求有过错的反担保人承担赔偿责任。担保人可以根据承担赔偿责任的事实对债务人或者反担保人另行提起诉讼。”司法解释肯定了无效担保的担保人在承担了民事赔偿责任后，有权向债务人进行追偿或要求反担保人承担责任，追偿的范围以担保人已承担的责任范围为限。反担保合同是担保合同的从合同，担保合同无效，反担保合同也无效，担保人承担的是缔约过失责任，反担保人的责任也是缔约过失责任，反担保人仅有过错时才有责任。如果担保人不承担无效担保责任，反担保人也不必承担任何责任，需要注意的是担保人的责任不一定全部由反担保人承担，在担保人和反担保人均有过错的情况下，反担保人分担担保人的责任比较公平。

9. 主合同解除的情况下如何界定担保人的法律责任

《〈担保法〉司法解释》第十条规定：“主合同解除后，担保人对债务人应当承担的民事责任仍应承担担保责任。但是，担保合同另有约定的除外。”根据司法解释，主合同解除并不免除担保人的法律责任，担保合同在主合同解除后仍然有效。担保人承担责任的要件是：债务人应当承担民事责任，即债务人作为被担保人的民事责任被依法确定；债务人承担的民事责任在担保人的担保范围之内。

在司法实践中有以下几种情况值得注意：

1）主合同因债权人一方的原因解除的，如债权人违约，担保人不承担担保责任。

2）主合同因解除而未履行，担保范围内的债权未发生的，担保人不承担担保责任。

3）主合同因解除，被担保的风险未出现的，担保人不承担担保责任。

4）合同解除后，债务人自愿对债权人承担补偿责任，而该补偿不属于担保人的担保范围的，担保人不承担担保责任。

10. 越权担保情况下的担保责任如何界定

行为人没有代理权、超越代理权或者代理权终止后以被代理人的名义订立的合同，未经被代理人追认，对被代理人不发生效力，由行为人承担责任。越权担保合同属于自始至终不生效合同，不产生担保义务。

(1) 代表人责任

《〈担保法〉司法解释》第十一条规定："法人或者其他组织的法定代表人、负责人超越权限订立的担保合同，除相对人知道或者应当知道其超越权限的以外，该代表行为有效。"代表人责任是指法人或者其他组织的法定代表人、负责人超越权限订立的合同，代表人单位应当对其行为后果承担责任的规定。《合同法》第五十条规定："法人或其他组织的法定代表人、负责人超越权限订立的合同，除相对人知道或者应当知道其超越权限外，该代表行为有效。"担保合同属于民事合同，合同法关于代表人的责任规定适用于担保合同。

(2) 表见代理责任

表见代理是指无权代理人在其表现出足以让相对人相信其有代理权的情形下进行的代理行为。我国《担保法》和《〈担保法〉司法解释》对表见代理没有规定。《合同法》第四十九条规定"行为人没有代理权、超越代理权或者代理权终止后以被代理人名义订立合同，相对人有理由相信行为人有代理权的，该代理行为有效。"

构成表见代理的一般情形：

1）行为人曾经是代理人并且与相对人发生过订立合同行为，订立的合同上加盖有被代理人公章或合同专用章。

2）行为人曾经是代理人并且与相对人发生过订立合同行为，在订立合同过程中提供了加盖有被代理人印鉴的介绍信。

3）行为人持有证明代理权的证书，并且按照一般商业习惯和理性认识无法从证书内容判定所订立的合同超越了代理权范围。

4）被代理人曾经有授予行为人代理权的表示，按照一般理性判断该表示可以被相信。

5）被代理人明知行为人以自己名义订立合同，但不表示反对。

6）被代理人应该知道行为人以自己名义订立合同，但不表示反对。

11. 保证人须具备的资格

保证人为债务人向债权人提供保证，目的是为了保证债权能够实现，因而具有代为清偿能力是保证人作保的基本条件。《担保法》第七条规定："具有代为清偿债务能力的法人、其他组织或者公民，可以作保证人。"保证属人保，以保证人的信用保障债权的实现，保证人的清偿能力、履约能力是决定债权能否实现的关键。

可以成为提供保证的合格主体包括：

1）具有民事行为能力的自然人；

2）企业法人；

3）金融机构；

4）从事经营活动、非属公益性质的社会团体；

5）其他经济组织。

《担保法》规定，禁止作保证人的主体有：

1）国家机关（经国务院批准的为使用外国政府、国际经济组织贷款进行转贷提供担保的除外）；

2）以公益为目的的事业单位、社会团体，包括学校、幼儿园、广播电台、电视台等；

3）企业法人的职能部门；

4）未经授权的企业法人分支机构；

5）对外担保中无外汇收入的企业法人和无外汇担保权的金融机构。

12. 保证合同的形式

保证合同的形式比较多，除比较典型的主从合同形式外，还有单方承诺形式等。

（1）主从合同的形式

保证人与债权人订立单独的保证合同，作为主合同的从合同。《担保法》第十三条规定："保证人与债权人应当以书面形式订立保证合同。"

（2）主从条款的形式

债权人、债务人与保证人共同订立一个合同，保证合同仅作为保证条款出现在主债权债务合同中，属主从条款式的保证合同。

（3）以保证人身份在合同上承包的形式

保证人在债权人与债务人签订的主合同上，以保证人身份或在"保证人"栏下签名或者盖章的，即使主合同上没有保证人的责任范围、责任方式、保证期间等，保证关系也成立，保证人应当承担保证责任。

（4）保证人单方面出具的保证承诺书形式

保证人制作书面保证承诺书，明确表示为债务人承担保证义务，并交付保证承诺书给债权人，该承诺书属保证合同。保证书虽然属保证人的单方行为，但债权人的接受具有承诺性质，并以此构成保证合同。

（5）口头保证合同

《担保法》第十三条规定："保证人与债权人应当以书面形式订立保证合同。"因此，当保证人自愿履行口头保证合同所约定的保证义务的，口头保证合同成立；当事人如果对口头合同的存在与否发生争执的，口头合同不成立。口头保证合同没有强制执行力。

（6）安慰函

安慰函又称赞助信、安慰信，指发函人给债权人的一种书面陈述，表明当事人对债务人清偿债务承担道义上的义务，或督促债务人清偿债务等。安慰函不是保证合同，但书面形式的安慰函也有与保证合同相似的情况，在特殊情况下，安慰函因具备保证合同的内容构成保证担保。

13. 保证责任与各种抗辩权之间的关系

（1）先诉抗辩权与保证责任

先诉抗辩权是专属于一般保证人的一种实体权利，指一般保证人在债务人以财产清偿债权之前，免于对债权人清偿的抗辩权。先诉抗辩权保障一般保证人仅为第二顺序债务人，债权人在对第一顺序债务人追索前，不能从一般保证人处获得清偿。

先诉抗辩权的成立以一般保证合同的有效为前提。当事人承担一般担保责任，必须在合同中明确约定。保证合同未明确约定的，根据《担保法》第十九条可将保证合同认定为连带保证合同，保证人的先诉抗辩权不成立。在实务中，一般保证合同通常应有以下表述内容：

1）直接约定保证人承担一般保证责任；

2）约定保证人承担补充赔偿责任；

3）约定保证人为第二顺序债务人或承担第二顺序清偿责任；

4）约定保证人享有《担保法》第十七条第二款规定的权利。

《〈担保法〉司法解释》第二十四条规定："一般保证的保证人在主债权履行期间届满后，向债权人提供了债务人可供执行财产的真实情况的，债权人放弃或者怠于行使权利致使该财产不能被执行，保证人可以请求人民法院在其提供可供执行财产的实际价值范围内免除保证责任。"司法解释规定债权人在保证人的配合下应当积极行使权利，如果放弃或怠于行使权利，保证人在其提供的财产价值范围内免除保证责任。这种情况下，先诉抗辩权转化成部分免责抗辩权，产生了免责的法律效果。该规定不适于连带责任保证。

法律对一般保证人行使先诉抗辩权也有限制，《担保法》第十七条第三款和《〈担保法〉司法解释》第二十五条对此有明确规定。行使先诉抗辩权的限制有：

1）债权人要求债务人履行债务发生重大困难。当债务人住所变更、下落不明、移居海外，且无财产可供执行的，可限制一般保证人行使先诉抗辩权。

2）债务人破产案件被人民法院受理。债务人破产也是信用和清偿能力的破产，一般保证人的先诉抗辩权以债权人未向有清偿能力的债务人要求清偿为条件，如果债务人没有清偿能力，一般保证人行使先诉抗辩权将受债务人破产事实的限制。

3）保证人以书面形式放弃先诉抗辩权。一般保证人有权放弃先诉抗辩权，但一般保证人口头放弃先诉抗辩权的，没有法律效力。《担保法》规定，担保人放弃先诉抗辩权的当以书面形式。

（2）债权债务转移、主合同变更与保证责任

1）债权转移与保证人责任。《担保法》第二十二条规定："保证期间，债权人依法将主债权转让给第三人的，保证人在原保证担保的范围内继续承担保证责任。保证合同另有约定的，按照约定。"《〈担保法〉司法解释》第二十八条规定："保证期间，债权人依法将主债权转让给第三人的，保证债权同时转让，保证人在原保证担保的范围内对受让人承担保证责任。但是保证人与债权人事先约定仅对特定的债权人承担保证责任或者禁止债权转让的，保证人不再承担保证责任。"

保证人与债权人约定禁止债权转让，并不发生阻止债权转让的法律效力，但保证人因此可获得免除保证责任的抗辩权。

2）债务转移与保证人责任。《担保法》第二十三条规定："保证期间，债权人许可债务人转让债务的，应当取得保证人书面同意，保证人对未经其同意转让的债务，不再承担保证责任。"《〈担保法〉司法解释》第二十九条规定："保证期间，债权人许可债务人转让部分债务未经保证人书面同意的，保证人对未经其同意转让部分的债务，不再承担保证责任。但是，保证人仍应当对未转让部分的债务承担保证责任。"

债务发生法定转移的，如债务因继承发生转移、从属性债务随主合同债务一并转移的，不适用上述规定，即便没有保证人的书面同意，保证人也并不免除保证责任。

3）主合同变更与保证人责任。《担保法》第二十四条规定：“债权人与债务人协议变更主合同的，应当取得保证人书面同意，未经保证人书面同意的，保证人不再承担保证责任。保证合同另有约定的，按照约定。”《〈担保法〉司法解释》第三十条规定：“保证期间，债权人与债务人对主合同数量、价款、币种、利率等内容作了变动，未经保证人同意的，如果减轻债务人的债务的，保证人仍应当对变更后的合同承担保证责任；如果加重债务人的债务的，保证人对加重的部分不承担保证责任。债权人与债务人对主合同履行期限作了变动，未经保证人书面同意的，保证期间为原合同约定的或者法律规定的期间。债权人与债务人协议变动主合同内容，但并未实际履行的，保证人仍应当承担保证责任。”

（3）保证期间与保证责任

在《担保法》中，保证期间成为法定期间，无论当事人是否约定保证期间，是否需要保证期间，《担保法》均强制要求必须有保证期间的内容。《担保法》第二十五条规定：“一般保证的保证人与债权人未约定保证期间的，保证期间为主债务履行期届满之日起六个月。在合同约定的保证期间和前款规定的保证期间，债权人未对债务人提起诉讼或者申请仲裁的，保证人免除保证责任；债权人已提起诉讼或者申请仲裁的，保证期间适用诉讼时效中断的规定。”《担保法》第二十六条规定：“连带责任保证的保证人与债权人未约定保证期间的，债权人有权自主债务履行期届满之日起六个月内要求保证人承担保证责任。在合同约定的保证期间和前款规定的保证期间，债权人未要求保证人承担保证责任的，保证人免除保证责任。”对保证期间和保证责任，《〈担保法〉司法解释》第三十一条规定：“保证期间不因任何事由发生中断、中止、延长的法律后果。”

（4）债权人放弃物的担保与保证责任

债权人放弃物的担保的，《担保法》第二十八条第二款规定：“保证人在债权人放弃权利范围内免除保证责任。”《物权法》第一百九十四条第二款规定：“债务人以自己的财产设定抵押，抵押权人放弃该抵押权……其他担保人在抵押权人丧失优先受偿权益的范围内免除担保责任。”第二百一十八条规定：“债务人以自己的财产出质，质权人放弃该质权的，其他担保人在质权人丧失优先受偿权益的范围内免除担保责任。”两条规定都明确了仅当债权人放弃债务人提供的担保财产上的担保物权时，其他担保人，才在债权人放弃权利的范围内免除责任。依照《物权法》第一百七十八条规定的法律适用条款，当《担保法》与《物权法》不一致时，《物权法》优先适用。因此，债权人放弃抵押权和质权的，《担保法》第二十八条第二款不再适用。

14. 保证关系中的欺诈及其责任

按照我国《合同法》第五十二条、第五十四条的规定，当事人采取欺诈、胁迫的手段致使对方在违背真实意思表示情况下订立的合同，属于可撤销合同；损害国家利益的，合同无效。保证关系中，保证人因受欺诈、胁迫订立保证合同的，《担保法》第三十条和《〈担保法〉司法解释》第四十条规定保证人不承担保证责任，赋予保证人以免责抗辩权。如果保证人与债务人串通欺骗债权人的，按照《〈担保法〉司法解释》第四十一条的规定，保证人与债务人一起承担连带赔偿责任。

（1）债权人欺诈保证人

主合同债权人采用欺诈、胁迫等手段，使保证人在违背真实意思的情况下提供保证的，保证人不承担保证责任。认定债权人欺诈保证人需要具备以下要件：

1）债权人有欺诈行为，比如陈述不当、故意隐瞒、歪曲事实等；

2）致使保证人受骗，即保证人有理由相信债权人的陈述。如果保证人对真实情况了解，主观上未受骗，则不构成欺诈；

3）保证人提供保证的行为与债权人的欺诈行为之间存在因果关系，债权人欺诈行为是保证人签订保证合同的主要原因。但如果保证人与债权人签订保证合同是处于其他考虑，则不构成欺诈。

证明债权人欺诈保证人的举证责任由保证人承担。

（2）债务人欺诈保证人

我国《担保法》对债务人欺诈保证人的情况未作规定。《〈担保法〉司法解释》第四十条增加规定了债务人欺诈保证人时，保证人不承担保证责任的情形。该条规定：“主合同债务人采取欺诈、胁迫等手段，使保证人在违背真实意思的情况下提供保证的，债权人知道或者应当知道欺诈、胁迫事实的，按照《担保法》第三十条的规定处理。”

（3）债权人、债务人恶意串通欺诈保证人

《担保法》第三十一条第一款规定，主合同当事人双方串通，骗取保证人提供保证的，保证人不承担保证责任。

（4）债务人、保证人共同欺诈债权人

债务人、保证人以欺诈手段与债权人订立的主合同和保证合同，除损害国家利益外，属可撤销合同。《〈担保法〉司法解释》第四十一条规定：“债务人与保证人共同欺骗债权人，订立主合同和保证合同的，债权人可以请求人民法院予以撤销。因此给债权人造成损失的，由保证人与债务人承担连带赔偿责任。”债权人享有的撤销权性质上属形成权，由债权人根据实际情况选择。

15. 企业破产与保证责任之间的关系

《企业破产法》规定，企业法人可以适用企业破产法规定的破产重整、清算、和解程序偿还债务或者重整再生。保证关系中的债权人、债务人保证人以企业法人居多，其中任一当事人进入破产程序，对其余当事人都将产生影响，尤其以保证人破产对债权人影响更大。

（1）债权人破产的情形

债权人破产不影响保证人承担保证责任，债权人的破产管理人代表已破产的债权人行使权利，包括向保证人行使权利。保证人承担的保证责任的方式和内容，不因债权人破产而发生变化。

（2）债务人破产

债务人进入破产程序后，债权人可以依照企业破产法的规定申报债权，参加破产程序，同时也可以向保证人主张权利。此时，一般保证人丧失先诉抗辩权，转化为连带责任保证人。在债务人破产案件被法院受理后，保证人可以预先行使追偿权，有权在实际承担保证责任之前向债务人追偿。保证人预先行使追偿权的前提是：债权人不申报债权，不参加破产程序。

债务人进入破产程序后，债权人应及时通知保证人，以便保证人预先行使追偿权。为此，《〈担保法〉司法解释》第四十五条规定：“债权人知道或者应当知道债务人破产，既未申报债权也未通知保证人，致使保证人不能预先行使追偿权的，保证人在该债权在破产程序中可能受偿的范围内免除保证责任。”

债务人破产的，债权人可以选择先申报债权参加债务人破产程序，待债务人破产程序终结后，再向保证人主张权利。《〈担保法〉司法解释》第四十四条第二款规定，“债权人要求保证人承担保证责任的，应当在破产程序终结后6个月内提出。”

（3）破产债权

破产债权可以是实然债权，也可以是或然债权。或然债权是指在发生时尚未确定的债权，条件成熟后，或然债权才可以转化为实然债权。债权人对保证人享有的保证债权就是典型的或然债权。保证人破产的，债权人可以凭或然债权进行申报。

16. 企业出售、改制、分立、合并与保证责任之间的关系

企业出售、改制、分立合并等股权变动或组织形式上的变化，一般不影响保证人承担的保证责任，但对保证人代偿风险将产生实质性的影响。

1）债务人发生企业出售、改制、分立合并情况。债务人发生企业出售、改制、分立合并情况的，属于债务人组织形式上发生变化，可能不发生债务转移的后果。债务未发生转移的，不影响保证人承担保证责任。

2）企业出售指企业股东将企业整体转让，企业的主体资格和企业的财产不发生变化，因此，不影响保证人承担保证责任。保证人合并的，无论是新设合并还是吸收合并，保证人承担的保证债务都将随保证人资产一起转移，保证人分立的，分立的法人或其他组织对合同的权利和义务享有连带债权，承担连带债务。企业改制不影响企业承担保证责任。

17. 法律对抵押合同是否生效的规定

（1）抵押合同生效

抵押权的设立，是当事人以法律行为在特定物上设定担保物权的行为，抵押合同是当事人之间就在特定物上设立抵押权的协议，《担保法》和《物权法》明确规定，当事人之间设立抵押权必须签订书面抵押合同。抵押合同，一般包含被担保主债权的种类、数额、债务履行期限、抵押物的名称、数量、质量、状况、所在地所有权权属或使用权权属、抵押担保的范围等内容，属于当事人之间的意思自治，根据《合同法》第四十四条和《物权法》第十五条的规定，除法律另有规定或当事人另有约定外，抵押合同自合同成立时生效。

（2）抵押合同无效

抵押合同是主债务合同的从合同，主债权合同无效的，抵押合同也无效。《物权法》第一百七十二条有明确规定。此外，抵押合同也可以因为自身存在无效的原因而不具备法律效力，如抵押物不合法、抵押人对抵押物无处分权等。抵押合同无效的法律后果，《物权法》和《担保法》的规定一致，均以债务人、债权人和抵押人的过错确定各自应承担的民事责任，以《〈担保法〉司法解释》第七条、第八条和第九条规定为依据，划分各方的民事责任。

18. 法律对抵押物的规定

抵押权是存在于抵押物上的他物权，抵押物以其交换价值发挥着担保债权实现的功能。设定抵押权，抵押物是考察重点对象，抵押物的适用性和良好的变现能力，应当是债权人高度关注的因素。

1）房地产项目抵押与预售房屋抵押（未来财产抵押）、建筑物与建筑工程抵押。

我国《物权法》、《担保法》对未来财产抵押未作特别规定，建筑物与在建工程抵押是我国不动产抵押的核心，这是由我国土地所有权实行国家和集体所有、土地不得作为抵押物的法律制度现实决定的。《〈担保法〉司法解释》第四十七条规定："以依法获准尚未建造的或者正在建造中的房屋或者其他建筑物抵押的，当事人办理了抵押物登记，人民法院可以认定抵押有效。"其中的"依法获准尚未建造的建筑"抵押即属于房地产项目抵押，也称为待建建筑抵押，"以……正在建造中的房屋抵押"的，则属于预售房屋抵押，这两种形式都属于以未来财产设定的抵押。在建工程抵押是指抵押人为取得在建工程继续建造资金的贷款，以其合法方式取得的土地使用权，连同在建工程的投入资产，抵押给银行作为偿还贷款的担保。以在建工程抵押，抵押人必须具有使用权证、建设用地规划许可证、建设工程规划许可证等。

2）建设用地使用权抵押和集体用地使用权抵押。依照法律规定的条件和程序，建设用地和集体用地可以作为抵押标的。建设用地使用权的取得分出让和划拨两种方式，以出让方式取得的建设用地使用权抵押的，权利人可自行决定，无需取得土地管理部门的许可；以划拨方式取得的建设用地使用权抵押的，需经县级以上人民政府土地管理部门许可，通过履行批准手续设立抵押权。划拨方式取得的建设用地实现抵押权时，需要依法补缴土地出让金，土地价值剩余部分才能用来清偿债权。乡镇、村企业集体土地使用权的抵押，《物权法》和《担保法》都规定必须随企业厂房等建筑物一并抵押，不能单独抵押。

3）森林、林地使用权抵押与草地使用权。林木在我国可以作为抵押物。《担保法》规定林木抵押由县级以上林业主管部门办理抵押登记。林木抵押的范围，国家林业局2004年发布的《森林资源资产抵押登记办法（试行）》第八条规定为"用材林、经济林、薪炭林"，而且规定"森林或林木资产抵押时，其林地使用权须同时抵押，不得改变林地的属性和用途。"

草地使用权的抵押，《物权法》和《担保法》未作规定，根据《农村土地承包法》第四十九条规定的"通过招标、拍卖、公开协商等方式承包农村土地，经依法登记取得土地承包经营权证或者林地权证等证书的，其土地承包经营权可依法采取……抵押或者其他方式流转"的精神，"通过招标、拍卖、公开协商等方式"承包的农村草地，应当可以作为抵押标的。

4）一般动产抵押。动产指不动产以外的一切财产，《物权法》和《担保法》均规定车辆、船舶、航空器可以抵押，一般动产均可作为抵押财产。

5）共有财产抵押。《〈担保法〉司法解释》第五十四条对共有财产抵押作了专门规定："按份共有人以其共有财产中享有的份额设定抵押的，抵押有效。共同共有人以其共有财产设定抵押，未经其他共有人的同意，抵押无效。但是，其他共有人知道或者应当知道而未提出异议的视为同意，抵押有效。"

5）不得抵押的财产。包括：

①土地所有权；

②耕地、宅基地、自留地、自留山等集体所有的土地使用权；

③学校、幼儿园、医院等以公益为目的的事业单位、社会团体的教育设施、医疗卫生设施和其他公益设施；

④所有权、使用权不明或有争议的财产；

⑤依法被查封、扣押、监管的财产；

⑥禁止流通的财产；

⑦国家机关的财产；

⑧违法、违章的建筑物；

⑨不具有可让与性的准物权。

19. 如何取得抵押权

根据我国《物权法》和《担保法》的规定，当事人通过法律行为取得的抵押权，可以分为需要登记取得的抵押权和无需登记取得的抵押权。

（1）依登记取得抵押权

需要登记取得的抵押权主要是不动产抵押权，但也包括部分动产抵押权。根据新颁布的《物权法》规定，需要登记取得的抵押权有以下几类：

1）建筑物抵押权。建筑物抵押权属于不动产抵押权，根据《担保法》规定的“地随房走”和“房随地走”的原则，建筑物占用范围内的土地使用权同时抵押。

2）土地使用权抵押权。在土地使用权上设立的抵押权属于不动产用益物权抵押权，办理登记的机构为核发土地使用权证书的土地管理部门，未经抵押登记的，不能设立抵押权。

3）林木和林地使用权抵押。以林木抵押的，林木占用范围内的林地必须同时抵押，抵押登记机构为县级以上林木主管部门。

4）草地使用权抵押权。“通过招标、拍卖、公开协商等方式”承包的农村草地，并经依法登记取得土地承包经营权证的，可以作为抵押标的，在土地管理部门办理抵押登记后取得抵押权。

5）登记取得抵押权的例外。根据《〈担保法〉司法解释》第四十九条的规定：“以尚未办理权属证书的财产抵押的，在第一审法庭辩论终结前能够提供权利证书或者补办登记手续的，可以认定抵押有效。当事人未办理抵押物登记手续的，不得对抗第三人。”《〈担保法〉司法解释》第五十九条还规定：“当事人办理抵押物登记手续时，因登记部门的原因致使其无法办理抵押物登记，抵押人向债权人交付权利凭证的，可以认定债权人对该财产有优先受偿权。但是，未办理抵押物登记的，不得对抗第三人。”第四十九条虽然规定于《物权法》之前，但在《物权法》生效后仍然使用，适用的条件是，抵押财产未办理权属证书，但抵押人实际已取得对财产的战友或依法可取得对财产的所有权；或在法庭一审辩论结束前抵押权人或抵押人提供了权属证书或当事人补办了抵押登记。如果当事人已经具备办理抵押登记的条件，无正当理由而不办理抵押登记的，不适用该条。《物权法》生效后，《〈担保法〉司法解释》第五十九条不再适用。《物权法》第九条对不动产权的变动规定了登记要件主义，未经登记不发生效力。

（2）依抵押合同取得抵押权

根据《物权法》规定，除需要登记取得的不动产、准不动产抵押权外，以动产设定的抵押权均属于依合同取得的抵押权，所有可以转让的、有交换价值的财产，都可以成为动产抵押权的标的。依抵押合同取得的抵押权，当事人也可以办理抵押登记，该抵押登记对抵押权的设立无直接影响，但对抵押权的效力有重要意义。《物权法》第一百八十八条和第一百八十九条规定，依抵押合同取得的动产抵押权，“未经登记，不得对抗善意第三人”。

20. 如何实现抵押权

抵押权的实现是抵押权人行使抵押权的基本方式，《物权法》和《担保法》对此均有明确规定。

（1）实现抵押权的条件

《物权法》第一百九十五条第一款规定：“债务人不履行到期债务或者发生当事人约定的实现抵押权的情形，抵押权人可以与抵押人协议以抵押财产折价或者拍卖、变卖该抵押财产所得的价款优先受偿。”

（2）实现抵押权的程序

抵押权人与抵押人协商实现抵押权，或向法院请求实现抵押权。《物权法》第一百九十五条第二款规定：“抵押权人与抵押人未就抵押权的实现方式达成协议的，抵押权人可以向法院请求实现抵押权。”

（3）实现抵押权的方式

折价方式，抵押权人可以与抵押人协商以抵押物折价实现抵押权，原则上，抵押权人与抵押人协商就抵押物折价不受特别限制。拍卖方式，拍卖是指以公开竞价的形式，将特定物品或者财产权利转让给最高应价者或拍卖规则确定的应价者的买卖方式。拍卖应该遵循公开、公平、公正、诚实信用的原则。变卖方式，以普通买卖方式转让抵押财产，并以转让价金清偿被担保的债权。

（4）恶意实现抵押权

抵押权人无视抵押物上其他权利或以不合理低价折价、变卖、拍卖抵押物，损害其他权利人利益的，构成恶意实现抵押权。

21. 定金有哪些类型

定金兼具合同担保和金钱担保的双重特点。

（1）立约定金

立约定金也称为“订约定金”，为担保合同的签订而设立。对于立约定金，《〈担保法〉司法解释》第一百一十五条规定：“当事人约定以交付定金作为订立主合同担保的，给付定金的一方拒绝订立主合同的，无权要求返还定金；收受定金的一方拒绝订立合同的，应当双倍返还定金。”

（2）成约定金

成约定金是指当事人约定合同成立或生效标志的定金。《担保法》对成约定金未作规定，《〈担保法〉司法解释》第一百一十六条规定：“当事人约定以交付定金作为主合同成立或者生效要件的，给付定金的一方未支付定金，但主合同已经履行或者已经履行主要部分的，不影响主合同的成立或者生效。”依照意思自治的原则，当事人在主合同中设立的合同成立或生效要件，除违反法律法规的强制性规定外，对主合同的成立或生效起决定性的作用。

（3）解约定金

解约定金是指当事人在合同中约定的，以合同解除为定金处罚条件的定金。《〈担保法〉司法解释》第一百一十七条规定：“定金交付后，交付定金的一方可以按照合同的约定以丧失定金为代价而解除主合同，收受定金的一方可以双倍返还定金为代价而解除主合同。对解除主合同后责任的处理，适用《中华人民共和国合同法》的规定。”

（4）定金的识别

对定金识别的主要依据是《〈担保法〉司法解释》第一百一十八条：“当事人交付留置金、担保金、保证金、订约金、押金或者定金等，但没有约定定金性质的，当事人主张定金权利的，人民法院不予支持。”

22. 担保纠纷案件的诉讼程序

担保纠纷案件诉讼程序较为复杂，主要原因是担保纠纷案件当事人较多、诉讼地位不一。

（1）一般保证纠纷案件

在一般保证案件纠纷中，由于一般保证人有先诉抗辩权，其诉讼地位比较特殊，由此产生债权人对债务人提起诉讼是否可以将一般保证人列为共同被告，或者一般保证人是否可以单独被起诉的问题。《〈担保法〉司法解释》第一百二十五条规定：“一般保证的债权人向债务人和保证人一并提起诉讼的，人民法院可以将债务人和保证人列为共同被告参加诉讼。但是，应当在判决书中明确在对债务人财产依法强制执行后仍不能履行债务时，由保证人承担保证责任。”

在司法实践中，债权人仅起诉债务人，不起诉一般保证人的，债务人是单独的被告，人民法院不能将一般保证人追加为共同被告。

债权人仅起诉一般保证人，不起诉债务人的，人民法院可以追加债务人为共同被告。

（2）连带保证纠纷案件

《〈担保法〉司法解释》第一百二十六条规定：“连带责任保证的债权人可以将债务人或者保证人作为被告提起诉讼，也可以将债务人和保证人作为共同被告提起诉讼。”连带保证关系中，保证人对债权人承担连带清偿责任，与债务人的地位相同，债权人在向债务人和保证人主张权利时不分先后次序，可以起诉债务人，可以起诉保证人，也可以一并起诉。

（3）分支机构作保证人的担保纠纷案件

企业的分支机构对外提供保证一般有两种情况，一种是企业分支机构经法人授权对外提供保证，一种是分支机构未经法人授权对外提供保证，两种情况中在保证合同上签字盖章的都不是法人，而是分支机构。在诉讼程序上，《〈担保法〉司法解释》第一百二十四条规定：“企业法人的分支机构为他人提供保证的，人民法院在审理保证纠纷案件中可以将该企业法人作为共同被告参加诉讼。但是商业银行、保险公司的分支机构提供保证的除外。”

(4) 债务人起诉债权人的纠纷案件

债务人对债权人提起诉讼，系因主合同发生的纠纷，一般与保证人无关。在债务人提起的诉讼中，债权人提起反诉的，《〈担保法〉司法解释》第一百二十七条规定：“债务人对债权人提起诉讼，债权人提起反诉的，保证人可以作为第三人参加诉讼。”

23. 担保纠纷案件的管辖规定

担保纠纷案件的管辖基本上遵循“原告就被告”的原则。《〈担保法〉司法解释》规定的担保纠纷案件多数采取共同诉讼的模式，主合同和从合同一并审理，被告为多人，因此，在案件管辖上也要考虑到主从合同关系。一般来说，主合同发生纠纷的案件，依据民事诉讼法的规定，应当由合同履行地和被告住所地法院管辖，区别于担保纠纷案件范围。如果担保合同发生纠纷，债权人对担保人单独提起诉讼的，按照司法解释的要求，仅在连带责任保证和权利质押担保中才不需要追加债务人参加诉讼，由担保人单独作被告，担保人住所地法院取得案件管辖权。主、从合同均发生纠纷的担保案件，或必须作为共同诉讼进行的担保纠纷案件，被告为多人的，应根据主合同确定案件管辖地。即《〈担保法〉司法解释》第一百二十九条第一款的规定，“主合同和担保合同发生纠纷提起诉讼的，应当根据主合同确定案件管辖。担保人承担连带责任的担保合同发生纠纷，债权人向担保人主张权利的，应当由担保人住所地的法院管辖。”

24. 工程担保制度的建立和发展

工程保证担保制度起源于美国。该制度依托第三方实行信誉管理机制，以“违约假定”为设计原则，对可能发生的问题加以防范，落实管理制度，加强防范措施。在美国工程项目管理模式中，联邦政府和各州政府通过落实工程保证担保制度来管理整个建筑领域的各项合同，在发包商和承包商之间进行索赔和反索赔，规范各方主体行为。在工程管理中，担保人和被担保人签订担保协议，向收益人保证，如果被保证人无法保证合同正常履行或违约，由保证人履约或赔偿，然后保证人再向被保证人通过行使追索权或没收保证金、处置反担保财产等来维护自己的利益。保证担保关系，将工程建设管理中的承包商和发包商之间的关系拓展成了承包商、发包商和保证担保人三方或多方利益关系。各方目的都是要加强管理和控制，减少风险，避免索赔事件的发生。保证担保制度是一种维护建筑市场秩序的风险管理机制，它的建立与实行可以强化市场的守信机制，使不合格的主体逐步退出建筑市场，保证参与各方守信履约，对建立统一开放、公平交易、竞争有序的建筑市场运行机制具有十分重要的意义。实行工程保证担保制度已成为国际工程建设管理的惯例。

25. 推行工程担保制度的意义

(1) 推行工程担保制度，有利于工程建设风险管理、风险控制和风险转移

工程建设事关各方利益，工程发包方关心承包方能否履约、履约的质量如何，承包方关心履约条件是否能够保证、履约后应得利益能否得到保证，当对方不能正常履约或履约质量有问题时，自己的合法权益如何得到保障等。尤其是工程建设质量、建设安全不仅是承包方和发包方关心的问题，也是社会各方关心的重要问题。工程建设各阶段面临着各种风险，工程担保制度将第三方（保证担保方）引入工程建设管理过程，有利于工程建设风险管理、风险控制和风险转移。保证担保方要生存、要盈利的前提是要尽量避免赔偿结果的出现。为此，保证担保方必然，也应该积极参与到工程建设管理相关活动中，参与工程建设风险管理和风险控制。工程保证担保在一定意义上来说是对工程建设风险的分散和转移，将发包方和承包方承担的风险分散或转移到第三方。

(2) 推行工程担保制度，有利于工程建设中利益约束机制和信用保证机制的建立

市场经济既是法制经济又是信用经济，既要求有完备的法律机制，也需要有有效的利益约束机制和信用保证机制。在工程建设领域虚假招标、恶意竞争、私挂乱靠、偷工减料、粗制滥造、拖欠工程款和工人工资等现象之所以屡禁不止，一个重要的原因就是利益约束机制和信用保证机制不健全。尽管政府负有对建筑市场秩序监管的职能，但政府难以，也不可能直接参与到对每个项目进行监督和管理。在工程建设领域推行工程担保制度，担保人从自身利益出发，必然参与工程管理，严格责任索赔，从而加强被担保人的质量责任意识和风险管理和风险控制意识，在参与管理中分散、控制和减少担保人的担保风险。这样，就在工程建设各方主体和担保主体之间形成了一种利益约束、相互规范的监督制约机制和守信收益、失信受罚的信用保证机制。发达国家工程建设质量水平稳定，出现风险概率很低，其中一个重要原因就是用保证担保机制规范市场行为。美国公共工程实行了近百年的强制性保证担保，保证人向收益人（业主）保证，如果委托人（承包商）无法确保工程质量或违约，则由保证人向收益人先行代为履约或赔偿，然后再行使追偿权利。这种机制的原则就是：守信者得到酬偿，失信者受到惩罚。

(3) 推行工程担保制度，是建立建筑市场优胜劣汰的有效举措

工程担保制度对规范市场准入有着重要的监督、选择和淘汰作用。由于保证人和被保证人的利益是直接关联的，如果为不合格的承包商提供担保，担保人将面临重大经济损失的风险。因此，担保人必然要对参与投标的承包商的管理能力、管理水平等进行严格审查，对质量差的承包商不予担保或提高保费；对能力强和水平高的承包商则竞相提供担保并可能适当降低保费。将质量差的承包商推向建筑市场竞争的劣势一方，将能力强和水平高的承包商推向建筑市场竞争的优势一方。在市场经济成熟的国家，购买不到工程担保的承包商无法进入建筑市场，用高费率买到工程担保的承包商在投标中也处于劣势。这样，承包商在安全生产和优质生产上投入的成本高，就可在担保市场获得优惠的认可，能够较为容易地进入建筑市场。因此，工程担保制度是建立建筑市场优胜劣汰的有效举措。

(4) 推行工程担保制度，是保证工程建设质量的有效措施

工程担保制度有利于工程建设质量的提高是因为，担保人提供担保最根本的目的是赢利。为此，担保人承接每一笔担保业务，事先都要对担保对象的能力、信用进行审查，而且还依据有关法规通过合同条款规范被担保人的行为，有的还派出自己的专业人员参与风险管理和风险控制，最大限度地保证质量、保证安全，将风险和担保人可能的损失降到最低。担保人的这一目标，客观上最大限度地保证了工程建设质量和建设安全。同时，担保人的介入，有利于促进工程建设质量的保证和防范体系的建立。

(5) 推行工程担保制度，有利于建筑市场各方信用机制的建立

工程担保是联系工程建设各方的重要纽带，通过工程担保为可以为参与工程建设各方提供系统化的信用保障，使建设单位、设计单位、施工单位和施工过程中的各方形成一个利益制约、相互规范的共同体；通过保证担保机制，建立起相互信任、相互协同目标一致的利益共保体，即降低履约风险，提高履约质量。工程担保过程实际上是一个工程建设相关方与担保人进行信用交易的过程，用小信用还大信用。投保人取得担保人的信任是长期、重复交易的结果。当投保人信用积累越来越多时，他就越发关注自已的信用，为维持和进一步提高信用作进一步的积累。信用积累是一种沉淀成本，沉淀成本越高，失信的机会成本就越高。也就是说，建立信用是企业日积月累的结果，而失去信用则是一朝一夕就可能发生的。信用机制有一个特殊规律，即信用一旦失去就很难再重新建立起来，建立信用比毁坏信用要难得多。

(6) 推行工程担保制度，有利于与国际接轨

我国加入 WTO 后，根据国际惯例，我国企业进入外国市场，必须提供投标、履约、质量等方面的保证条款，这是 FIDIC 合同条款的基本要求。同样，对境外建筑企业进入我国建筑市场的管理，也应实行工程保证担保，这样可以有效避免或降低工程质量风险，确保工程质量。

(7) 推行工程担保制度，有利于促进建筑市场信用体系的建立

从工程担保的实质或担保的主要方式来看，工程担保又叫“工程保证担保”，而保证担保实际上就是信用担保。工程担保制度发展越成熟，涉及的工程建设各方主体越广，越有利于建筑市场信用体系的建立。就像前面所说的，推行工程担保制度有利于工程建设中利益约束机制和信用保证机制的建立，推行工程担保制度是建立建筑市场优胜劣汰的有效举措，推行工程担保制度是保证工程建设质量的有效措施，推行工程担保制度有利于建筑市场各方信用机制的建立等，这些都是建筑市场信用体系建设的目的所在，也是建筑市场信用体系建设的重要内容。因此，推行工程担保制度有利于促进建筑市场信用体系的建立。

26. 工程担保与工程保险的区别

从工程建设风险管理、风险控制、风险转移的角度看，工程担保和工程保险具有很大的共性，都是一种风险转移机制和转移手段。但在担保和保险活动主体方面、利益关系方面以及各方权利和责任方面又有很大的不同。

(1) 工程担保与工程保险适用的情况不同

工程担保是适用于工程建设领域的担保制度，工程担保的实质是对被担保人（或债务人）履约能力、履约质量的保证和担保，保证被担保人不违约，一旦违约，担保人将代为履约或承担赔偿责任。违约的原因可以是自然的因素、意外因素或被担保人主观的、人为的因素。工程保险是适用于工程建设领域的保险制度，它主要是针对工程建设项目建设过程中，可能出现的自然灾害和意外事故而造成的物质损失和依法应对第三者的人身伤亡和财产损失承担赔偿责任提供的一种综合性保险。主要以各类民用、工业和公共事业工程为承保对象。

(2) 工程担保与工程保险关系主体结构及法律关系不同

在工程担保关系中，与担保相关的利益方往往包括三方：债务人、担保人和债权人，由担保人就被担保人（债务人）向收益人（债权人）的履约行为进行担保。被担保人违约的，由担保人代为履约或对收益人进行赔偿，担保人代为履约或进行赔偿后，有向被担保人追偿的权利。担保人为了保证自己的利益，往往可以要求被担保人提供反担保。一旦担保关系成立，担保人中途不可撤保。在工程保险关系中，与保险关系相关的利益方一般包括两方：投保人、承保人，也可以有投保人、受益人和承保人三方。投保人投保的目的往往是保护自己的利益免受自然灾害或意外伤害的损失，一旦保险关系有效，理赔发生后，承保人无权向投保人或受益人进行追偿。工程保险关系中，承包人无权要求投保人或受益人提供“反保险”。如果投保人中途撤保，保险人也就免除了相关责任。

(3) 工程担保的担保人与工程保险的承保人资格要求不同

我国法律规定，只要是具有清偿能力的自然人、法人或经济组织，除法律禁止的外，均可以成为担保人。工程保险属保险制度范畴，要求具有法律资格的社会机构才可以从事保险（工程保险）相关业务。

(4) 工程担保与工程保险赔偿的条件不同

工程担保保证的是被担保人能够按合同履约，赔偿的条件是被担保人违约，违约的原因可以是自然的，可以是人为的，可以是意外的，也可以是主观的。工程保险承保的是一些由于自然或意外因素造成的损失。工程担保需要签订书面担保合同，否则担保不具法律效力，造成损失时，赔偿不具强制力。工程保险不是必须签订相关合同。

(5) 工程担保与工程保险赔偿的对象不同

工程担保的委托人委托担保，保证的是收益人（债权人）的利益不受损失，赔偿的对象是收益人（债权人）。工程保险投保的目的是保证自己的利益不受损失，赔偿的对象是自己或受益人。

(6) 工程担保与工程保险“承保”方的权利不同

在工程担保关系中，在担保关系有效并发生赔偿的情况下，担保人有权向被担保人（债务人）进行追偿。在工程保险关系中，在保险关系有效并发生理赔的情况下，承保人无权向投保人或受益人进行追偿。

(7) 工程担保与工程保险的品种或险种不同

国外工程担保的主要品种包括：投标保证担保、承包商履约保证担保、业主支付保证担保、付款保证担保、预付款保证担保、分包担保、差额担保、维修保证担保、保留金担保、完工担保、要求承包商提供的其他工程保证形式、反担保等。

国外工程保险的主要品种包括：建筑工程一切险、安装工程一切险、机动车辆险、雇主责任和人身意外伤害险、运输险、施工机具与设备险、机器损害险、工程保证险等。

27. 工程担保与工程监理的区别

工程担保是对工程建设相关活动履约行为的担保，担保人可以不对履约过程进行监督和控制，担保人对履约行为及其后果承担担保责任。工程担保人为业主和承包商服务。工程监理是受业主委托，代业主对承包商的履约过程进行监督、管理和控制，监理单位对监理行为及监理结果负责，不对业主或承包商的违约负责，同样也不对业主、承包商之间的违约承担赔偿责任，业主、承包商之间的违约赔偿由担保人进行赔偿。

28. 国外工程保证担保品种

（1）投标保证担保

投标保证担保是通过担保人对投标人以往的业绩、资信、信誉、管理水平等进行审查后，向业主或招标人保证投标人具有合格资信，对投标人按约参加投标活动的一种保证。担保人在投标报价之前或同时，向业主或招标人提交保证金或投标保函，保证投标人在开标之前不中途撤销投标或片面修改投标条件，投标人在收到中标通知书后，中标人应在规定时间内保证受标并与业主签订承包合同，签约时中标人应根据业主或招标人的要求提供履约保证担保。如果投标人违反投标保证责任，保证担保人将负责赔偿招标人或业主的损失。英国、法国、德国无投标担保。美国投标保证担保的担保金额为合同价或投标价的5%～20%。由于美国的工程保证担保采用的是担保协议和一揽子赔偿协议，因此，一般不另收担保费。

（2）承包商履约担保

履约担保是担保人为保证承包商履行承包合同规定的义务条款，而向业主所作的责任承诺，使业主避免因为承包商出现资金、技术、管理、非自然灾害、非意外事故等原因导致承包商违约而遭受损失。

如果承包商违约而不能履行合同，保证担保人可以采取以下方式：

1）向承包商提供融资或资金支持，避免承包商宣告破产而导致工程失败；

2）向承包商提供技术、设备和管理上的支持，使工程得以继续完成；

3）安排业主满意的新承包商继续完成工程项目；

4）由担保人自己组织代承包商履约；

5）由业主或招标人重新招标，由中标人完成剩余部分，相关费用由担保人在担保责任范围内赔偿；

6）如果业主对以上方案都不满意，担保人将按履约保函的担保责任进行赔偿。

国际上，美国、加拿大、墨西哥等国都采用有条件履约担保；英国、德国、丹麦、韩国等国有条件履约保函和无条件履约保函同时使用，政府工程使用有条件保函，民间、私人投资项目使用无条件保函，或银行使用无条件保函，保险公司、专业担保公司使用有条件保函；意大利、澳大利亚、新加坡等广泛使用有条件保函。履约担保的额度，美国为合同价的100%，加拿大为50%，墨西哥为10%～20%，英国为10%，德国为"5%～20%，意大利为20%，丹麦为15%，荷兰为5%～20%，澳大利亚为5%～10%，韩国为5%～10%。

（3）付款担保

付款保证是担保机构为主承包商根据合同向与它有合同关系的分包商和材料设备供应商提供的保证，保证业主避免由于与相关债权人的诉讼而使工程或财产受到损失，或卷入不必要的法律纠纷之中。

付款担保的额度，在美国为合同价的100%。

（4）预付款担保

当业主预先支付一定数额的工程款给承包商周转使用时，为了保证承包商将这笔款项用于该工程项目建设，防止承包商挪作他用，担保人向业主提供预付款担保。预付款担保的额度各国规定不一样，墨西哥规定为25%～100%，德国和荷兰均为5%～20%。

（5）维修担保

维修担保又称保修担保或质量担保，是保证人为承包商向业主提供的保证，保证承包商在工程保修期内出现施工质量缺陷时，承包商应负责维修的担保行为。

（6）分包担保

当存在总包、分包关系时，总承包商要为各分包商的工作承担连带责任。总承包商为了保护自身的权益，往往要求分包商通过保证人为其提供保证担保，保证分包商充分履行自己的义务。

（7）保留金担保

业主在每月验工计价向承包商发放工程款时，业主一般都要扣留一定比例的款项作为保留金，以便工程不符合质量要求时用于返工。在签发工程验收证书时，业主将向承包商发还一半的保留金，当工程保修期满后，发还另一半的保留金。若承包商在工程保修期未满而需要业主提前支付剩余的保留金，则承包商应向业主提供由担保人签发的保留金担保。

（8）差额担保

如果承包商的中标价低于标底价一定比例（10%或20%）或业主规定的数额时，业主要求承包商通过担保人对中标价与标底价之间的差额部分提供担保，以保证承包商按此价格承保工程时不致造成工程质量的降低。差额担保属于履约担保的一部分。

（9）完工担保

为了避免因承包商延期完工将工程项目占用而遭受损失，业主要求承包商通过保证人担保承包商必须按计划完工，并对该工程不具留置权。如果由于承包商的原因，出现工期延误或工程占用，则保证人应承担相应的损失赔偿。

（10）反担保

反担保是由于担保人担保的金额远远大于收取的保证费，担保人为了避免出现代为偿付时无法从被保证人那里追偿遭受损失，而要求被担保人为该担保提供反担保。反担保的方式可以采用保证（第三者）、抵押、质押、留置、定金等形式来实现。

29. 国外工程保证担保的保函模式

国外工程保证担保的保函分为无条件保函和有条件保函。

（1）无条件保函

无条件保函即“见索即付”保函。在无条件保函发生索赔时，业主无需证明承包商违约，只需按照保函规定的索赔程序和业主出示的承包商违约情况的书面索赔要求，保证人就需在其担保的金额范围内向业主付款赔偿。由于是“见索即付”，担保人为了规避自己的风险，往往采取较为严格的反担保措施。这种担保模式的担保金额在5%～10%之间。无条件保函的特点是保证人对其保函承担承保风险，一般无需对承包商的履约能力进行甄别，而是通过严格的反担保措施规避担保风险。由于银行一般没有工程风险管理的经验，而又不愿意卷入工程合同纠纷而使自身利益和名誉受损，因此无条件保函被银行广泛采用。

（2）有条件保函

有条件保函的基本含义是，对担保及赔偿附加一定的条件，只有符合赔偿条件时，担保人才予赔付。这就要求，当受益人要求担保人就保函索赔时，必须证明被担保人违约，而担保人的赔付责任仅限在保函的担保金额内，且以受益人的实际损失为限。美国实行的是典型的高保额有条件担保，其履约担保和付款担保的担保金额均为100%。

30. 国外工程保证担保的范围和方式

国际上，大多数国家政府投资的公共设施项目都规定必须实行强制担保，而私人业主投资的项目，一般都参照政府投资的公共设施项目工程的担保方式实行担保。前者如美国、加拿大、墨西哥、西班牙、意大利、日本、韩国等；后者如英国、德国、丹麦、荷兰、新加坡。

在担保方式上，绝大多数国家都采用保证担保方式。

31. 国外工程保证担保的承保人及保费来源

国际工程保证担保市场的承保人一般是银行、保险公司和专业担保公司。德国、西班牙、法国、意大利、丹麦、荷兰等国从事工程担保的承保人主要是银行和保险公司；美国从事工程担保的承保人主要是经政府专门批准并接受专门金融机构监管的保险公司和专业担保公司；日本和韩国为保障承包商履约，除采用保证担保外，还实行由一个具有实际施工能力的替补承包商作担保。

在国际工程担保活动中，承保人的保费收入来源于被担保人的每个项目，并计入被担保人的工程成本。

32. 国外工程保证担保承保人的赔付

国际上，工程担保的赔付方式一般有两种。一种是“见索即付”方式。当业主认为承包商违约时，业主将以书面的形式说明承包商违约的内容和造成业主损失的数量，并按保函上规定的程序向担保人提出索赔要求。当担保人收到业主的书面索赔要求后，同时知会承包商，如果承包商未及时向法院申请索赔禁止令，则担保人在保函规定的赔付时间到期后，对业主进行赔付，然后担保人再向反担保人进行索赔。另一种是有条件保函的赔付方式。业主的索赔要求必须经承包商书面同意，未达成赔偿意见的，由仲裁机关进行仲裁或由法院进行审理。

33. 我国工程担保制度建设概况

我国工程担保制度建设起步较晚。自2000年以来，已有北京、天津、四川、河北、山西、新疆等省市和自治区制定了工程担保实施办法，在房地产项目中强制实行工程建设项目合同担保。原建设部2004年发布《关于在房地产开发项目中推广工程建设合同担保的若干规定（试行）》（［2004］137号）、2005年下发《工程担保合同示范文本（试行）》（［2005］74号）和2006年下发《关于在建设工程项目中进一步推行工程担保制度的意见》（［2006］236号），对推动我国工程担保制度建设和规范工程担保行为起到了积极重要的作用。

34. 我国目前工程担保的品种

我国在工程担保领域各地的担保品种及相关要求不尽相同。目前各地普遍采用的有：

(1) 投标担保

担保人为投标人向招标人就投标人的投标行为提供担保。

(2) 业主工程款支付担保

业主支付工程款担保，是指为保证业主履行工程合同约定的工程款支付业务，由担保人向为业主向承包商提供保证业主支付工程款的担保。

(3) 承包商履约担保

承包商履约担保，是指保证人为承包商向业主提供的保证承包商履行工程建设合同约定义务的担保。

(4) 承包商付款担保

承包商付款担保，是指担保人为承包商向分包商、设备材料供应商、建设工人提供的支付相关价款和费用的担保。

(5) 预付款担保

预付款担保是指发包人在支付给承包人或供应商预付款时，要求承包人或供应商提交的正确、合理使用预付款的担保。

(6) 工程质量保修担保

工程质量保修担保，是指担保人为承包人向业主提供的，保证承包商在工程质量保修期内承担质量保修责任的担保。

35. 我国目前对工程担保有效期的规定

关于工程担保的有效期，根据建设部《关于在房地产开发项目中推广工程建设合同担保的若干规定（试行）》（[2004] 137 号）："担保的有效期是指债权人要求担保人承担担保责任的权利存续期间。在有效期内，债权人有权要求担保人承担担保责任。有效期满，债权人要求担保人承担担保责任的实体权利消灭，担保人免除担保责任。"

1）投标担保的有效期截止时间为投标有效期后的 30～180 天。

2）业主工程款支付担保的有效期截止时间为业主根据合同的约定完成了除工程质量保修金以外的全部结算款项支付之日起 30～180 天。

3）承包商履约担保的有效期截止时间为工程建设合同约定的工程竣工验收合格之日后 30～180 天。

4）承包商付款担保的有效期截止时间为各自相关工程建设分包合同（主合同）约定的付款截止日之后 30～180 天。

投标担保、业主工程款支付担保、承包商履约担保、承包商付款担保，一般由担保人和委托保证人按要求在合同中约定。

第2章 工程担保模式

36. 工程担保的工作程序和内容

工程担保业务的工作程序和主要内容为：

1）担保咨询：担保申请人向担保机构咨询工程担保品种及其主要内容，并领取《工程担保申请书》和《工程担保申请人应提交的资料清单》。

2）担保申请：担保申请人填写《工程担保申请书》，并按照《工程担保申请人应提交的资料清单》向担保机构提交各种相关资料。

3）要件受理：担保机构对担保申请人提供的《工程担保申请书》和按《工程担保申请人应提交的资料清单》规定所提交的各种资料进行要件审查，核对担保申请人提供的要件资料是否完整，内容是否真实，要件是否合法；核对后，向担保申请人出具《工程担保资料受理通知书》，填写《工程担保申请受理表》。

4）保前调查：由负责保前调查的部门牵头，吸收工程管理、工程监理、财务人员组成跨专业的综合调查小组；确定需对担保申请人及主合同涉及的担保工程项目应进行调查的内容，写出调查提纲；调查小组实地调查；填写《工程担保申请人综合情况调查表》，编写《工程担保申请人情况调查报告》，在调查报告中应明确调查小组的评审意见。调查小组评审通过的，可提请担保机构进行初审。

5）保前评审：由担保机构对担保申请人进行评审，审核结论写入《工程担保评审表》，评审合格签署《同意提供工程担保通知书》。

6）签订担保合同并办理相关手续：签订工程担保合同和工程反担保合同，并报主管工程担保行业部门备案。

7）保中管理：承保后，担保人对被担保人的被担保主合同履行情况进行监测，协助被担保人主合同的顺利履行。

8）解除保证责任或项目展期或代偿及追偿：如果主合同顺利履行结束，则担保责任相应解除，被担保人向担保人提供释放证明、担保保函原件和其他相关证明文件，担保人退还相应担保。如果被担保人违约，则项目延期至主合同顺利履行结束或由担保人进行经济赔偿，并对被担保人进行追偿。

37. 工程建设各阶段对应的工程担保品种

工程担保是对工程建设合同进行担保，因此可根据我国工程建设合同签订程序进行工程担保。工程建设合同签订前，即工程招投标阶段，主要担保品种为投标担保。工程建设实施过程中，主要担保品种为履约担保、支付担保、预付款担保、付款担保和保修担保等。

结合我国施工合同的签订程序及示范合同文本的具体内容，对各种担保的提交时间和有效时间跨度如图 2－1 所示。

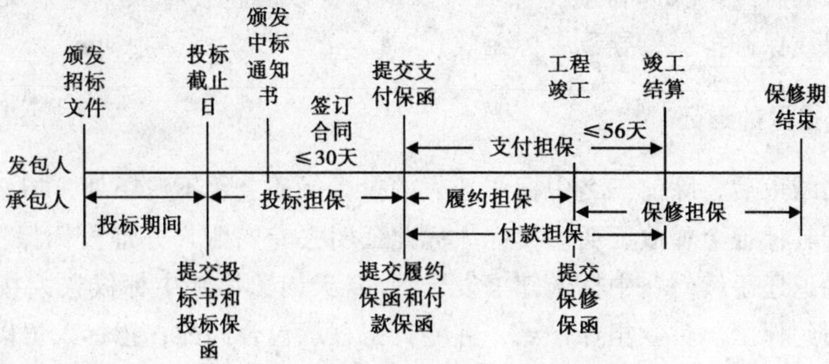

图 2－1　各种担保的提交时间和有效时间跨度

38. 分段滚动担保及其实施方式

分段滚动担保是指将同一担保品种担保金额按照工程合同确定的付款周期进行分段担保，分段担保金额为当期合同金额的一定比例，主要应用于业主支付担保。《关于在房地产开发项目中推行工程建设合同担保的若干规定（试行）》中对此做出如下规定：对于工程建设合同额超过 1 亿元人民币以上的工程，业主工程款支付担保可以按工程合同确定的付款周期实行分段滚动担保，但每段的担保金额为该段工程合同额的 10%～15%。

业主工程款支付担保采用分段滚动担保的，在业主、项目监理工程师或造价工程师对分段工程进度签字确认或结算，业主支付相应的工程款后，当期业主工程款支付担保解除，并自动进入下一阶段工程的担保。

39. 投标担保的提交

参照国内试点城市实施经验，投标担保一般设立专门账户，由招标办或交易中心制定统一的管理规则统一管理，委托银行进行日常操作管理，有利于对招投标双方的控制。

招标文件应当规定投标担保的提交时间，可以确定为投标截止日之前 3 个工作日内。投标人领取招标文件后，应当按照招标文件规定的数额，将投标担保存入投标担保专用账户。由专门账户对保证金的数量和保函的真伪进行认定，符合招标文件相应要求的，由专门账户开具相应的回执。投标人只需要将投标担保回执原件和复印件放入投标文件一同提交。开标后，经评委查验无误后，投标担保回执原件就可以返还给各个投标人。

投标人组成联合体投标的，应当以联合体各方或者联合体中牵头人的名义提交投标担保，对联合体各成员具有约束。考虑到大型工程大多有联合体投标，所以应对联合体各方有相应的约束。一旦联合体投标违约，招标人可以找到联合体中任何一个成员进行全额索赔，该成员可以根据联合体协议就其承担责任之外的赔偿向其他联合体成员追偿。

在美国，承包人能够开具出投标保函，就意味着一旦承包人中标，担保公司就能够为其开具相应的履约担保和付款担保。我国的工程担保实践时间很短，目前就要求投标人在提交投标担保的同时，具备担保人提供的履约担保和付款担保，这是很困难的。因此，可以只要求投标人在投标文件中附上一纸担保人的同意书，保证在投标人中标后为其开具招标文件所要求的履约担保和付款担保或保修担保，以防止投标人中标后无法提交履约担保、付款担保或保修担保，导致中标无效。

40. 投标担保的退还

评标活动结束后，除前三名中标候选人的投标保证金暂不退还外，招标人可以当场为其他投标人开具保证金释放证明。投标人凭此证明去专门账户办理投标保证金（含利息）或投标保函的退还手续。在中标通知书发出后 30 天内，第一中标候选人按照招标文件的规定，提交履约保函、付款担保保函，并签订工程承包合同的，招标人可以办理第二、第三中标候选人的投标保证金或投标保函的释放证明。当中标人拒绝签订合同或不按招标文件要求提交相应的履约担保时，招标人提出书面声明，招投标保证金专门账户将中标人的投标保证金或保函直接转入招标人账户中。应当在将退还投标人投标担保的情况进行细化和明示，以防止出现招标人无理扣留投标担保的现象。出现下列情形之一的，招标人应当在 3 天内开具释放证明，退还投标人的投标担保：

1）中标人签署了工程承包合同，并按招标文件要求提交了履约担保；

2）招标过程因正当理由被招标人宣布中止；

3）招标失败，需重新组织招标；

4）投标有效期满而投标人不同意作出延长；

5）在投标截止日之前，投标人撤回投标书不再进行投标的。

凭招标人的释放证明，专门账户管理者自动退还保证金（含利息）或投标保函。

41. 履约担保的工作流程

履约担保提交：履约担保应当与投标担保衔接。承包人应当在签订工程承包合同时，向发包人提交履约担保。履约担保合同作为工程承包合同的附件。承包人以联合体的方式中标或者以联合体的方式承揽工程的，应当以联合体各方或者联合体中牵头人的名义提交履约担保，对联合体各成员具有约束。按照我国《招标投标法》规定，承包人履约担保和发包人支付担保是对等实施的。所以，发包人不提供支付担保的，承包人可以不提供履约担保。

履约担保的退还：履约担保的终止日期是工程竣工交付之日的，承包人向发包人提出工程竣工报告后，发包人安排竣工验收。验收合格后，监理工程师颁发移交证书。发包人应当在竣工验收合格后 14 天之内开具释放证明，并退还保函或担保书原件。承包人凭发包人开具的释放证明和保函或担保书原件，以及建设工程质量竣工验收监督报告，向担保人报请终止履约担保。履约担保的终止日期是保修期满（缺陷责任期满）的，则在保修期满后由承包人凭发包人开具的释放证明和保函或担保书原件，向担保人报请终止履约担保。我国现阶段履约担保的退还一般采用第一种做法。

履约担保的工作流程如图 2－2 所示。

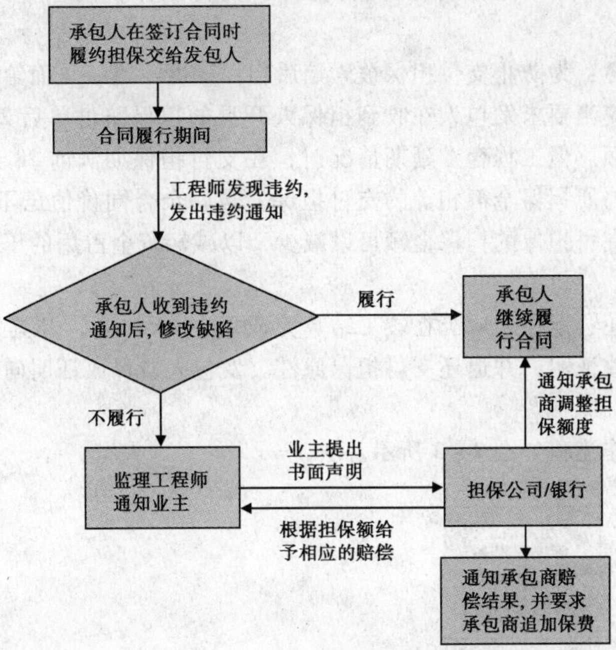

图 2－2　履约担保的工作流程

42. 履约担保的延期和补足

履约担保的延期：工程施工过程中，变更以及其他不可预料的自然风险时有发生，发包人和承包人也都有可能违约，从而造成工期拖延。为保证履约担保在工程施工过程中的持续有效，应当采用“谁违约谁受罚”的原则，根据违约责任的判定，对担保的延期做出相应的规定。由于非承包人的原因而工程延期的，为保障发包人利益，承包人应对履约担保延期，投保费用由发包人承担，在重新提交履约担保的同期进行结算。由于承包人的原因而工程延误的，承包人必须对履约担保延期，投保费用自理。因工程拖延，承包人重新提交履约担保的时间，不得晚于原履约担保有效期前 28 天。

履约担保的补足：为保证履约担保在工程实施过程中的有效性，减少担保人因为承包人违约支付而造成的运营风险，确保当承包人再次出现违约时担保人能够赔付，应当要求承包人在收到担保人赔付单之日 28 天内，向担保人补足担保金额。根据等量风险对应等量收益的原则，当工程剩余合同价值已不足原担保金额时，承包人可以减少担保额度。但重新提交的履约担保的担保额度不应低于剩余合同价值。

43. 支付担保的工作流程

支付担保的提交：我国《招标投标法》规定：发包人要求承包人提交履约担保的，应当同时向承包人提交支付担保。这是贯彻承发包双方权利义务对等的原则。招标人在招标文件中，如果规定投标人中标后需要提交履约保函的，应当相应告知发包人提供的支付担保的额度、担保有效期、提交的时间等条款。否则，承包人有权不响应招标文件中对履约担保的要求，但不视为对招标文件的实质性条件不响应。发包人应当在与承包人签订工程承包合同时，向承包人提交支付担保。支付担保合同应作为工程承包合同的附件。

支付担保的补足：为防止支付担保被索赔后担保额度不足，从而给承包人和担保人带来不必要的风险，应当要求发包人在收到担保人开具的担保赔付单后28天内，向担保人提交足额的担保金额。但工程存在延期情况时，在支付担保期满前28天内，发包人应当向承包人重新提交与原担保金额相等的支付担保。当剩余合同价值已不足原担保金额时，发包人重新提交的支付担保的担保金额可以减少，以减轻资金占用的压力，但不应低于剩余合同价值。

支付担保的退还：承包人应当在竣工结算完成后14天之内，开具发包人已按合同约定支付工程款的释放证明，并退还支付担保原件。发包人持释放证明向担保人报请终止支付担保。

支付担保的工作流程如图2－3所示。

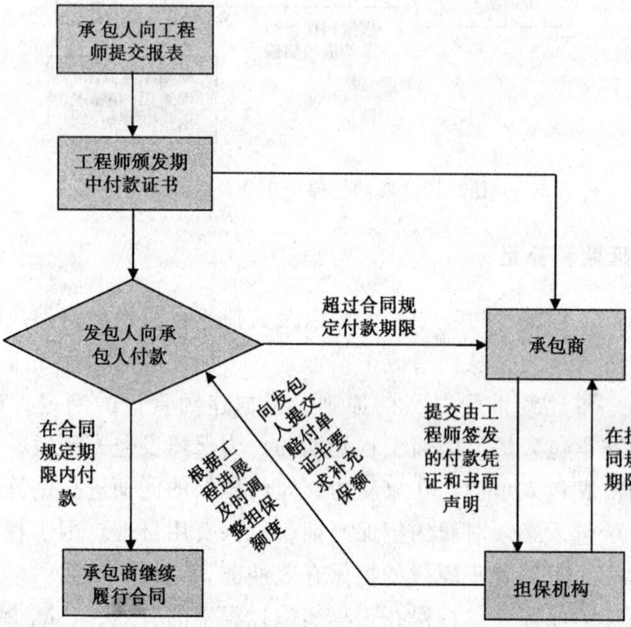

图2－3 支付担保的工作流程

44. 付款担保的工作流程

付款担保的提交：只要设立承包人付款担保，承包人就应当在签订工程承包合同的同时，向发包人提交付款担保。承包人付款担保与其他担保方式没有关联，即发包人不提供付款担保的，承包人也必须提供付款担保。如果工程进行分包，分包人也应当向承包人提交分包人付款担保。其操作模式与承包人付款担保相同。为了有利于监督和实施，所有付款保函将由工程担保管理机构确认的保证金专门账户管理者保管，以便一旦出现付款索赔，能及时地进行赔付和解决争议。承包人以联合体的方式中标或者以联合体的方式承揽工程的，应当以联合体各方或者联合体中牵头人的名义提交付款担保，对联合体各成员具有约束。

付款担保的延期：承包人付款担保必须在整个工期内发挥作用。由于在工程施工过程中，不可避免地会发生各种变更，或者发生发包人违约的事件，必然造成工期的变化。承包人付款担保也应当随着而延期。由于非承包人的原因而工程延期的，承包人应对付款担保延期，投保费用由发包人新提交付款担保的同期进行结算。由于承包人的原因而工程延误的，承包人必须对付款担保延期，投保费用自理。因工程拖延，承包人重新提交付款担保的时间，不得晚于原付款担保有效期前 28 天。

付款担保的补足：为防止承包人付款担保因为索赔而减少金额，承包人应当在收到保函担保人或保证金专门账户管理者的赔付单之日起的 28 天内，对担保额度进行补充，使得付款担保在其有效期内保持足够的支付能力。

付款担保的退还：发包人应当在竣工结算完成后 14 天之内开具释放证明。凭发包人开具的释放证明，以及建设工程质量竣工验收监督报告、工程竣工结算审核报告，承包人向保证金专门账户管理者报请终止付款担保，保证金专门账户管理者自动退还保函或保证金（含利息）。

45. 保修担保的运作流程

保修担保的提交：发包人要求承包人提交保修担保的，应当在招标文件中明确提出需要担保的额度和保修的期限，双方签订合同时在工程质量保修书中予以确认。为保证与履约担保之间的时间衔接，保修担保应当在履约担保释放退还前提交给发包人。

保修担保的变更：工程竣工进入保修期，建筑工程产品（如作为房地产的住宅）的所有权可能有所变动，保修担保的受益人也需要进行相应的变更，以防止保修担保流于形式。在保修期内，随着工程项目所有权的转移，保修担保应当在原出具保修担保的银行或担保公司办理变更手续，以确保所有权人的保修权利。

保修担保的退还：发包人应当在保修担保有效期截止日后 14 天之内开具释放证明。承包人凭发包人开具的释放证明和保修担保原件，向担保人报请终止保修担保。

46. 综合工程担保的实施

综合工程担保是指将同一被担保人的同一工程项目的多个担保品种捆绑或多个工程项目的工程担保交由同一担保人担保。综合工程担保在国际上也是常见的担保方式，如美国高保额条件下的履约担保实际上就是履约担保 + 维修担保。此外，在美国，承包商与专业担保公司是长期的合作伙伴关系，承包商一般是“有担保的承包商”，其多个工程项目一般固定交由同一家专业担保公司担保。

综合工程担保可以采用履约担保 + 维修担保、投标担保 + 履约担保 + 维修担保等方式，但应注意同一担保人不得为同一建设工程的业主和承包商、分包商提供担保，避免业主与承包商串通骗保或业主利用优势地位让承包商为其购买支付保函。我国工程担保试点城市厦门市建委《建设工程担保实施办法（试行）》中对此有明确规定。

47. 高保额有条件担保模式的实施条件

高保额有条件担保模式是工程保证担保的担保模式之一，主要应用在美国。高保额表现在担保额均为合同额的 100%；有条件表现在保函要求受益人就保函索赔时，必须证明承包商违约，并且如果业主不履约，担保人的担保责任可以免除，这也是有条件保函公平性原则的体现。

该模式下担保人的赔付责任是以承发包合同中承包商的全部合同责任为限，责任范围并不是原合同价的100%，所以担保人的最大利益就在于如何以最小的代价使工程顺利完成。出于控制自身损失的利益驱动，担保人对于索赔的反应一般是极为迅速的，因为承包商违约所造成的任何项目造价的增加，包括对违约事件未能及时处理造成的损失的扩大、竣工延期的罚金等，对于担保人都意味着损失。担保人进行理赔调查的目的一方面是要对承包商是否违约进行认定，另一方面，也是为了寻找继续履约最为恰当的方案。高保额有条件保函模式使担保人在解决承包商违约的同时，也督促业主严格履约，这对建筑市场的健康发展起到了非常重要的作用。

高保额担保的实施依赖于如下条件：首先，需要对保函作出强制性要求，在这一前提下，承包商若想持续经营，需保持良好的信誉，以获得未来的担保。其次，需建立专业化保证担保市场，促使保证担保人专业化，并使其具备代为履约的实力。再次，需要保持保证担保市场的竞争性，防止担保人通过其垄断地位妨碍建筑业市场的竞争。

48. 低保额无条件担保模式的实施条件

低保额无条件担保模式是工程保证担保的担保模式之一，是目前世界范围内的最主要的担保模式。这种模式的保函保额较低，通常为工程总投资的20%～30%。由于保额较低，通常采用无条件形式（见索即付），即业主只要致函担保公司声明承包商违约，而无需提供任何证据，担保公司即履行保证责任。

低保额无条件担保模式的优点是降低了单笔保函的保费以及承包商投保所需抵押的门槛。将对承包商的履约责任的担保化整为零，而且保函在工程进展的不同阶段分别提交，极大地降低了承包商申请单笔保函时提供抵押的压力。特别是申请预付款保函时，承包商根本不需要占用自己的信用额度，只需将预付款存入出具保函的银行即可。

低保额无条件担保模式的缺点：一是成本优势并不明显，在低保额保函模式下，对某一项目的承包商履约责任的担保实际上是分为多个保函，包括投标保函、预付款保函、维修保函和保留金保函等。这种低保额的履约保函一般是罚没性的，在合同履行过程中，始终有保证金掌握在业主手中，且随时可能被扣下。将上述几种保函的担保责任叠加后，实际总保额一般会达到全部合同金额40%以上，并不具有成本优势；二是见索即付的无条件索赔特性使其缺乏公平性；三是不能为市场提供对承包商的资格预审的功能，也无法实现高保额有条件模式的市场功能。

低保额无条件担保模式，一般由市场自发形成。在保证担保制度主要受习惯影响形成，而非政府强制性推行的国家和地区，都会看到低保额模式的流行。

49. 替补承包商担保的特点

替补承包商担保又称同业工程担保，起源于日本，核心概念是由竞争者提供的完工担保。日本和韩国的公共投资项目承发包都采用招投标和最低价中标的办法。在业主与中标的承包商签订合同时需事先约定一位替补承包商作保证人，保证若中标人不能履行合同，则由该承包商代为履行。替补承包商一般是由参加同一项目投标但未中标的承包商担当，在日本也称为工事完工保证人，故又称为“工事完工保证人制度”。替补承包商担保是以业主的资格预审取代了投标担保，用替补承包商的担保取代了银行或担保公司的履约担保。

替补承包商担保的优点在于减少工程担保成本，有利于在建设资金短缺、金融机构担保能力有限条件下使业主既得到第三方担保的好处又避免支出保费。也有利于保证业主建设项目的顺利实施。当中标的承包商违约，则工程建设责任由替补承包商承担。

替补承包商担保的缺点：一是替补承包商承担了很大的风险，而没有相应的权益保障，缺乏内在的经济合理性。因为替补承包商不是专业的风险运营机构，一般不收取保费。当中标人履约失败后，它必须以原合同条件继续履约。原合同条件往往是最低标的中标价，因此替补承包商的履约成本高于中标人，因此替补承包商代为履约发生亏损的概率极高。二是替补承包商担保并不能给业主经济上的保护。这种担保模式一般是施工义务履行的担保措施，而不是经济赔偿性的担保措施。对于业主而言，仅仅有施工能力的担保并不充分，只有保证人对经济责任有足够的清偿能力，它的担保才能给业主提供足够的保护。

替补承包商担保模式不是国际上的主流模式，在建设资金短缺、金融机构担保能力有限、担保市场发展不成熟的情况下作为一种过渡模式可以采用。

50. 我国目前采用低保额无条件担保模式较多的原因

我国引入工程担保制度时间较短，工程担保制度还处于试点阶段，工程担保市场不成熟，专业担保公司相对较少，担保能力不足以及工程建设市场习惯等决定我国目前比较多的采用低保额担保模式，这也是目前几个试点城市工程担保市场上的主流模式。

首先，低保额无条件担保模式的低保额保函保额较低，大约相当于合同价的 10% ~ 20%，与我国目前工程建设领域的相关法律如招投标法、建筑法等所规定的保留金额度大致相当，比较符合工程建设领域的习惯性做法，容易被业主和承包商接受。

其次，业主是工程担保产品的最终购买者，且在承发包合同关系中处于优势地位。而低保额无条件担保的见索即付特性，可以使业主非常方便迅速地得到补偿，因此，很容易得到业主的支持。如深圳市政府就明确规定公共工程履约担保只接受银行保函，便于在承包商违约后迅速便捷地得到经济补偿。

再次，我国工程担保市场现状也决定了目前比较适合低保额无条件担保模式。专业工程担保公司尚未发展起来，担保能力不足，也无法发挥其继续履行能力的优势。因此银行是我国目前工程担保市场的主要担保人，而银行业的运作特性决定了其支持无条件担保模式。

此外，我国信用制度不完善，信用体系建设滞后，工程建设领域没有形成统一的信用评价体系，也是我国现阶段工程担保市场比较多地采用低保额无条件担保模式的原因之一。

51. 高保额有条件担保模式的市场功能

高保额有条件担保模式的市场功能主要体现在以下几方面：

一是担保公司要对承包商进行资格预审。担保公司为社会提供最有价值的工作就是它的承保评判，即在考虑接受承包商为自己的承保对象以及确定其担保额度时，对承包商所进行的资格预审。这种资格预审不仅帮助市场将不合格的承包商排除在竞争之外，同时也使承包商获益匪浅。这是因为担保公司所掌握的一套承保评判原则正是一个建筑企业健康发展所必备的条件。担保公司通过这些评判原则将建筑企业管理的一般成功经验系统地和强制性地灌输给了“有担保的承包商”。不接受这些原则的承包商只能在有担保要求的项目之外徘徊。

二是担保公司经常为承包商的发展提供必要的支持，帮助承包商提高履约能力和竞争力，担保公司与承包商之间形成长期的合作关系。而这种长期合作关系也是担保公司提高竞争力的必要措施。担保公司与承包商之间的关系虽然超出了对某一个具体项目的担保，但担保公司的保费收入却是来源于一个个具体的项目，而利润则来源于承包商的履约成功，这就使担保公司对于自己所担保的承包商异常关切，尽量提供必要的支持以提高其履约能力。

三是公平性高，对承发包双方都具有约束作用。由于担保公司的责任是以承发包合同中承包商的合同责任为限，如果业主不履约，担保公司的担保责任就可以免除，所以，担保公司作为第三方介入，在解决承包商违约的同时也敦促业主严格履约，常常能起到对业主与承包商之间纠纷的调节作用。这正是有条件保函的公平性体现。有条件保函模式不仅更加公正，对业主的利益提供了足够的保护，而且对于提高市场上承包商的整体履约率也起到了很好的作用，兼顾了公平和效率。同时，它在公共投资项目中的应用还有效地减少了腐败，保护了纳税人的利益。

四是为宏观经济周期带来的风险提供一个市场减震器和风险蓄水池。承包商履约失败率与宏观经济的周期具有极强的相关性。市场经济具有周期性是一种客观规律。在经济衰退期，市场中新的投资减少，承包商之间的竞争加剧，不得不以很低的利润承接项目，任何风险的发生都可能使盈利减为负值，或导致承包商破产。如果没有担保公司，一家承包商破产就可能导致连锁反应，因为投资人可能因为项目不能如期竣工而面临巨额的违约赔偿责任，分包商和材料供应商也可能因不能按期得到工程款的支付而出现资金周转困难，从而导致在其他项目上违约。而且在经济衰退时期，往往会出现大批的承包商破产。担保公司的赔付不仅避免了上述连锁反应的发生，而且担保公司以其雄厚的财力起到了市场周期减震器的作用。同时，专门的担保业又起到了宏观经济风险蓄水池的作用，在宏观经济好的年份通过收取保费为不景气的年份向市场放水做好准备。

五是可以节约公共项目投资。由于高保额保函提供了对承包商的资格预审功能，公共项目投资的业主无需自行进行承包商资格预审，通常实行完全的公开招标制度；在评标过程中，也采用最低价中标的评标办法。这不仅给市场提供了公平的竞争机会，也使招投标工作极大地简化，增强了招投标的透明度，极大地减少了公共项目的投资代表人乘机以权谋私的机会。在市场竞争机制的作用下，公共投资项目的投资得到了大量的节约。

高保额有条件担保模式能够更有效的实现工程担保的作用，实现工程担保的市场功能，因此，有人说高保额有条件担保模式是工程担保的发展趋势。

52. 工程担保保函的分类

工程担保保函是银行、担保公司应担保申请人的请求，向第三人开具的一种书面信用担保凭证。保证在申请人未能按双方协议履行工程合同责任或义务时，由担保人代其履行一定金额、一定期限范围内的经济赔偿责任或代其履行工程合同责任或义务。工程担保保函是不可撤销的，依据其规定的条件生效的，随工程合同责任或义务顺利履行而解除。

工程担保保函一般是从属性保函，保函是工程合同或投标文件的一个附属性契约，其法律效力随工程合同或投标文件的存在、变化、灭失，担保人的责任是属于第二性的付款责任，只有当保函的申请人违约，并且不承担违约责任时，担保人才承担保函项下的赔偿责任。而申请人是否违约，是要根据工程合同或投标文件的规定以及实际履行情况作出判断的。所以，当从属性保函项下发生索赔时，担保人要根据工程合同或投标文件的条款以及实际履行情况来确定是否予以支付。

根据担保人的不同，工程担保保函主要分为银行保函和担保公司保函。

根据担保品种不同，工程担保保函分为投标保函、支付保函、履约保函、付款保函、维修保函等。

53. 什么是工程担保费

工程担保人在提供保函或保证书时，就承担着风险，每一个保函或保证书就是一种资金信用。担保人提供这种信用要收取一定的费用，就是保费，也是对担保人承担风险一定的补偿。保费依签约总价计算后，先行付予保证人，当工程结束后，再根据最后完成总价而调整保费总额。

工程担保经营的是一种特殊的商品—信用商品，与其他商品一样有其价格，担保机构也要承担成本，违约风险是信用担保机构的最主要成本，因此，违约风险的计量和定价不仅是风险管理的重要环节，还直接关系到担保机构的可持续性，担保机构能否实现其经济价值。同时，风险的计量和定价是否合理影响着建筑业对担保商品的需求，决定了担保机构的价值。

54. 如何确定工程担保价格即担保费率

私人工程项目担保费率：担保价格由担保成本、担保损失、担保税金、担保利润组成，用公司表示为：$P=(C+L+T+M+arG)/G$，其中：

P—担保费率

C—担保机构费用

L—担保损失准备金

T—担保税金

M—担保利润

G—担保额

r—担保比例

a—无风险利率

假设某担保公司年担保额3亿元，担保费用400万元，代偿1000万元，保税金30万元，利润50万元，担保比例为10%，同期国债2.78%作为无风险利率。其担保理论价格为：

$$P=(400+1000+30+50+30000\times10\%\times2.78\%)/30000=5.26\%$$

公共工程项目担保费率：工程担保作为政府完善建筑业健康发展的重要工具和手段，有着公共产品的部分属性，有些工程担保机构的担保代偿损失由国家财政拨补，建筑企业负担的担保费率不包含担保损失的分摊，担保机构的担保费收入只需涵盖担保机构费用支出。

不计担保代偿损失分摊的担保费率用公式表示为：

$P=(C+T+M+arG)/G$

根据上例计算可得出不计担保代偿损失分摊的担保费率：

$P=(400+30+50+30000\times10\%\times2.78\%)/30000=1.26\%$

介于两者之间的担保费率：工程担保是介于公共工程和私人工程之间的混合工程，担保定价必须考虑政府的政策导向和被担保企业的承受能力。即首先必须低于建筑企业的资金利润率，否则被担保人将因经营状况恶化而破产。此外，担保价格的制定还应考虑其社会边际收益和社会边际成本，最终只能在作为公共工程的担保费率和市场担保价格之间，即在（$P_2\leqslant P\leqslant P_1$）的区间来确定（其中，$P_2$ 为公共工程的担保费率，不含担保代偿损失分摊，P_1 则为市场决定的担保费率）。

55. 工程担保费率的决定因素

工程担保本身是经营信用风险的商品，其价格由每一个具体工程项目风险程度决定，因此工程担保保费并非一成不变，根据担保种类、项目规模、承包商的财力、经验及反担保情况等，保费费率上下浮动，也就是所谓的浮动费率。

担保费率定价通常要考虑如下因素：

1）担保的种类、期限、金额越大，期限越长，包含内容越多，则保费越高。履约担保因其金额大，期限长，因而保费最高，担保人承担风险也最大；

2）申请人提供的反担保情况。一般说来，申请人提供的反担保越大，保费越小。如果申请人提交100%的反担保，保证人可考虑减免保费；

3）债权人情况，如果债权人有着良好的合作诚意，则少收保费；

4）申请人资信状况、财务状况及以往项目履行情况；

5）工程项目的复杂程度、范围、规模、期限；

6）市场上同业竞争的需要。

研究制定合理的工程担保收费标准，政府对工程担保的收费标准应当加以宏观调控，不能完全照搬照套国外做法。具体的收费标准，可以由建设行政主管部门会同有关部门，根据工程类别、风险的大小、业主及承包商的信誉、实力等测定调控幅度，由当事人在合同中约定。

56. 工程担保费用与工程成本之间的关系

工程担保是直接为工程建设服务的，其费用应该计入工程建设成本，这也是工程担保的国际惯例，同时我国建设部试行的法规《关于在房地产开发项目中推行工程建设合同担保的若干规定（试行）》和试点城市所颁布的关于工程担保的规章也都明确了这一点。但现阶段我国法律法规规定的建设项目总投资中不包含工程担保费，也没有列入项目预算。这是当前在国家和地方的工程造价管理中，应当研究解决其费用成本的立项问题。业主也可以将通过招标竞争节省下来的资金，拿出一部分用作保费的开支。

从表面看来，工程担保费用计入工程建设成本，增加了建设项目总投资额和建设成本，给业主和承包商造成了投资和成本的增加。但从整个项目以及长期效益来看，工程担保不但可以减少建设投资和建设成本的增加，还带来巨大的社会效益。

从业主角度来看，一方面工程担保使得最低价中标成为可能，减少了建设过程中的履约风险，避免承包商为追求竞争低于成本价中标却在工程建设过程中因价格过低无法履行的现象的发生。另一方面，工程担保的引入可以提高建设产品的质量，减少运营期维修费用，减少了项目全寿命周期的成本。

从承包商角度来看，工程担保中的业主支付担保，使得工程款拖欠现象减少，对承包商来说，工程款拖欠带来的损失远大于工程担保所造成的工程建设成本的增加。此外，业主支付担保，也使得在中国盛行的承包商垫资的归还得到了保障。

57. 工程担保与最低价中标之间的关系

由于履约担保、支付担保的采用，工程担保表面上增加了业主关于建设项目的总投资，但工程担保使最低价中标得以实现。

最低价中标的最终目的是实现使业主花最合理的价格买到合格的工程产品，保障项目有形资产的形成，使具有承担该工程经济承受和技术保障能力的生产主体，被社会认同，被消费者认可，自然形成“优胜劣汰，奖优罚劣”的市场环境。但在实际操作中，一些企业为了中标，采用“低报价，先中标，拿到手”再逐步提高造价（着眼于索赔）。投标企业片面地把国际上常采用的“中标靠低价，赚钱靠索赔”原则，当成制胜法宝，把项目本身的利润和成本放在一边的畸形竞争战略，使得业主往往无法实现真正的最低价中标。

工程担保在合理低价法评标过程中，起到了全过程“保驾护航”的作用，把合理低价法推行过程出现的“高风险”降到了最低。首先，工程担保制度对规范市场准入有着重要的识别、择优和促进作用。由于保证人与被保证人的经济利益是直接关联的，如果为不合格的承包商保证担保，保证担保人必然蒙受重大经济损失，因而保证担保人必然要对前来投保的承包商的施工能力及管理水平进行严格审查，对质量差的承包商不予保证担保，对施工能力强、管理水平高的承包商则竞相提供保证并相应地降低保费。客观上起到了规范市场和行业进入壁垒的作用。建设市场的优胜劣汰的良性循环系统就可以得到运行，承包商在安全生产与优质生产上投入成本多，就可在保证市场中获得优惠的认可，这样一来，就能够对不同资质的建筑企业界定不同的生活空间，投标保证担保由此成为一道“门槛”，从而保护了建筑企业的合理利润，避免非理性报价、恶性压价的发生。

其次，由于招投标双方的利益不尽相同，业主希望用最低的成本购买到质量和进度都令人满意的建筑产品，他们希望选择最合适的承包商，希望承包商能够兑现一纸承诺。而承包商希望能够得到可以实现预期利润的工程，到期按时得到业主承诺的款项，这中间当然无法避免有相互冲突的地方，正像我们刚才在上面分析的诸多问题，通过工程担保制度可以使各方利益趋于一致，能够使各方利益统一在按期完成工程这一基本点上。业主自然希望能够按期完成工程，有了工程保证担保当然可以解除业主的后顾之忧，因为即使现在的承包商不能够近期履约，保证人也会代为履约。而承包商一直担心的是能不能够按时拿到工程款，有了工程担保承包商就不必担心，有了第三方的担保，只要能够按期完成工程就可以拿到工程款，这样各方的利益就得到了统一。在工程中由于工程保证担保是一种利益机制，担保人正是利用了这种利益机制能够在问题还没有到不可调和的时候，运用自身的资源进行协调。

第 3 章　工程担保运行机制

58. 工程担保市场主体及其作用

以国际上成熟的工程担保市场分析，从承保主体来看，主要分为银行、担保公司和保险公司；从市场中介和咨询主体来分，有担保咨询机构、担保代理机构和理赔咨询机构。在我国，根据建设部 2004 年颁布的《关于在房地产开发项目中推行工程建设合同担保的若干规定（试行）》，“工程建设合同担保的保证人应是中华人民共和国境内注册的有资格的银行业金融机构、专业担保公司。”

银行、担保公司和保险公司作为承保人，以担保为其业务。但是需要注意的是银行将担保视为信贷，不计入其本身的表内业务往来；而工程担保对专业的工程担保公司来说，工程担保的业务就是其核心业务；而目前我国尚不允许保险公司涉及工程担保业。

担保咨询机构主要为工程承包商或者业主提供工程担保上的专业性建议，替其选择合适的工程担保方式；工程担保代理机构帮助委托人（即担保申请人）向承保方提交工程担保的材料，在国外，同时也向被担保人推荐承保人的业务；从事理赔咨询的一般是专业从事理赔工作的律师事务所或者理赔咨询机构，利用其在专业上的优势对理赔的要求做出审查，同时提出相应的理赔方案。

59. 工程担保公司建立的必要性和可行性

目前，在我国工程担保市场的主体有银行和专业担保公司，且以银行为主。银行作为承保主体在我国推行工程担保制度的初期，起到了很大的促进作用，但是同时也存在着很多的缺陷。银行作为承保主体虽然拥有自己资金和信誉方面的优势，但是把工程担保视为信贷，再加上担保能力的不足和信息不对称也使其实际上在担保业务中处于劣势，因此银行大多数倾向于提供低保额的无条件保函。这只能起到赔付的作用，而工程担保的最终目的是保证合同的履行。可见银行在从事工程担保业务时有很大的局限性。

而在工程担保市场成熟和发达的美国，银行却是被禁止从事工程担保业务的，而担保公司凭借自己在专业方面的优势不仅可以提供高保额的担保甚至是全额的担保，而且是有条件的担保，在这种情况下，担保公司更能够有效地督促双方的履约行为，使工程能够顺利完成。因此，高保额有条件保函模式应是中国推行工程保证担保制度以及发展工程担保业务的未来趋势。为了有效约束工程担保中双方的行为，保证高保额有条件担保模式的有效实施，我国应该且有必要加快工程担保公司的发展。

我国目前大力推行工程担保制度给工程担保业提供了巨大的市场前景，而银行在工程担保业务上面的局限性也给我国工程担保公司的发展提供了巨大的发展机遇。

在我国目前的工程承包市场上，已经存在着一定数量的工程担保公司，但是，大多数都规模很小、实力弱，同时缺乏相应的信用资质和专业的工程担保评价体系，所以本身发展受到了较大的限制。而且由于我国的工程担保业还处于起步阶段，相应的法律法规还很缺乏。因此，目前我国的工程担保公司的发展还处于初期，需要相应的法律法规加以指导和完善，同时也需要工程担保公司加强自身的发展建设。

60. 工程担保公司在工程担保中的地位

目前，我国的工程担保公司正在起步发展阶段，由于本身规模和实力的限制，在工程担保的业务市场份额上只占有很小的一部分。参考国外业已成熟的工程担保市场发展经验，专业的工程担保公司将成为从事工程担保业务的最主要主体，将是我国工程担保业发展的必然趋势。

目前，专业工程担保公司主要承包的业务范围涉及：投标担保、业主工程款支付担保、承包商履约担保、承包商付款担保、质量保修担保。另外，一些省市地方，依照《担保法》等相关法律，结合本地实际情况，在其各自建设工程担保法规和管理制度的规定下，允许专业工程担保公司提供农民工工资支付担保、预付款保证担保、保修金保证担保等担保品种与业务。

61. 工程担保公司在工程担保领域的优势和劣势

工程担保公司在工程担保领域的优势主要有以下 3 个方面：

1）专业工程担保公司信息丰富、专业化程度高，具备显著的行业优势。专业工程担保公司以其深厚的行业背景在项目建设过程中的风险判断与控制、质量安全等方面的监督、管理、评估甚至在工程保证担保纠纷出现时进行技术鉴定和责任确认等方面，具有很大的优势。

2）专业工程担保公司一般提供有条件担保或高保额担保，对担保申请人进行严格的调查与评审，降低了工程违约的风险。专业工程担保公司提供高保额担保的担保额度是工程造价的 100%。这样被担保方一旦违约，那么担保公司将承担很大的一笔赔偿。基于这种情况，担保公司承接担保业务时，会认真审查投保人的实际情况，这样也会给合同另一方一种信息，能够得到担保保函的，其信用级别不低，那么出现违约的概率也不高。并且，担保公司在工程合同履行过程中，也会监督双方履约情况。

3）专业担保公司利用其高超的专业技能有效介入到工程建设活动中来，如在招投标阶段对投标人资格进行审查，在施工阶段对工程建设活动进行监督，进而促使工程顺利地完成，使各方得到满意的结果而不是单纯的赔偿。

我国工程担保公司目前主要的劣势有：

1）规模小，实力弱。近年来，担保公司不断增加，但在这些担保公司中，注册资本超 5000 万的企业不到 10%。而工程担保公司必须具有足够的经济实力，保证在被担保人不能履约的时候有能力代为履行，如果工程担保公司本身的信用不足，就很难起到担保保证的作用。所以工程担保公司必须具有雄厚的经济和技术实力，但是目前我国工程担保公司离这一要求还相差较远。

2）缺乏合理的承保决策体系。担保公司在承保决策阶段，必须拥有一套完整科学合理的承保决策体系。如果没有做充分的调查工作，盲目地做出决策，那么不仅不能够保证工程的正常实施，也会给自己带来风险。

3）相关的法律依据缺失。现阶段，作为一个整体，工程担保公司在组织构建与管理、在业务流程上的操作与方法等方面存在一些不规范、不合理做法。究其根源，是其尚缺乏相关必要的法律依据和制度规范。应进一步完善有关建设工程担保的法律法规、管理制度和实施办法等。设立科学统一的从业标准和准则，规范工程担保公司行为，形成良性竞争，从而有效维护和促进建设工程担保市场的秩序和发展。

62. 工程担保公司的保证担保模式

由于专业工程担保公司承担的是高保额的有条件保函，所以，与银行保函比较起来，工程担保公司的保证担保模式显得更为复杂。首先，收到投保申请后，担保公司必须对承包商采取严格的资格预审和项目风险评价；其次，确定出具保函后，还必须对项目进行必要的监管，及时沟通项目建设过程中的信息，保证在保项目的正常运行；最后，在提出理赔的时候，担保公司的理赔必须基于承包商违约的事实和违约的责任，这些同样需要经过严格的审查。而因为担保公司有多种赔偿措施可以选择，所以，对理赔方案的选择也是一个复杂的决策过程。

63. 工程担保公司联保模式

工程担保公司联保模式，是合作担保的一种。根据建设部印发的《关于在房地产开发项目中推行工程建设合同担保的若干规定（试行）》中的规定，“专业担保公司担保余额的总额不得超过净资产的 10 倍；单笔担保金额不得超过该担保公司净资产的 50%。不符合该条件的，可以与其他担保公司共同提供担保。”

对于风险较大而且担保金额较大的工程来说，在整个建设期间中，为避免风险过度集中，保证整个项目的顺利进行，工程担保公司的合作尤其重要。因为对于一般风险较大而又由一家公司来承包的工程，担保公司为了降低自身的风险就会要求承包商提交更加严格的反担保，这样占用了承包商更多的资产反而不利于承包商的正常操作。采取联保的方式可以由各个公司分别承担其中的一部分担保责任，这样不仅可以降低担保公司的风险，也增加了担保的额度，同时在承包商履约能力不足的时候各个担保公司可以以自己的优势分别提供相应的支持，保证项目的顺利实施。实践证明，工程担保公司联保模式是转移担保风险、分散保证责任、扩大担保业务、增强担保能力的重要形式。充分利用各合作担保公司的资源优势，跨地区、跨专业、跨行业的合作担保创新，在转移分散风险的同时可以达到共赢的目的。

64. 工程担保公司的注册资本金

由于我国各个地区的经济发展状况差异很大，在工程担保公司发展的初级阶段做出统一强制性的规定不利用工程担保市场的健康迅速发展。因此，对从事工程担保的担保公司的注册资本金，只是在建设部的《关于工程担保机构资信评价工作管理办法》中做出了原则要求式的建议：“在省会城市、直辖市、计划单列市注册资本金 5000 万（含）以上，现金类资产不低于 3000 万元；在边远地区和欠发达城市，视地方情况可酌情降低标准。”

65. 工程担保公司的从业人员资质

目前，国内对工程担保公司的从业人员资质尚无明确规定。根据工程担保自身作为一门多学科交叉的综合学科实际，以及参考国外经验，工程担保公司的从业人员应涵盖在会计、金融、银行、建筑、法律等与工程相关的各个方面取得专业资格的人员并能综合运用经济、金融、财务、管理、法律知识分析问题的专业人士和项目经理。从事工程担保的公司，在人员配备上应具备合理的专业结构和知识结构，严格设定从业人员的资质年限。建议建立从业人员的资格认证制度，由主管部门或行业联盟组织和管理，对担保行业的从业人员进行定期培训和从业资格认证，为从业人员的素质要求制定相应的标准。实行从业人员准入制度。对担保公司的从业人员要实行严格的资格审查，尽快出台担保公司高层管理人员、公司主要负责人任职管理条例，从从业年限、从业经历、学历、道德素质、信用记录等方面进行科学、合理规定。建立高层管理人员从业档案，并规定担保公司必须具有一定数量的、有一定从业经验人员才能申请从事担保业务，以将一些劣质人员驱逐出担保市场。

66. 工程担保公司的风险控制措施

担保人减少、分散或化解工程担保风险的基本措施有：

1）反担保。担保人为防止向债权赔偿后，不能从被担保人处获得补偿，可以要求被担保人以其自身资产、银行存款、有价证券或通过其他担保人等提供反担保。一旦发生代偿赔付的情况，担保人可以通过反担保追偿赔付。

2）要求被担保人向保险公司购买保证担保保险，从而把一部分风险转给保险公司。

3）采取合作担保，如与银行共同担保，或与其他工程担保公司共同担保，以分散保证责任、扩大业务、增强担保能力。

4）建立全面的资信审查体系和工程担保评价体系。对担保申请人进行严格、科学、全面、行之有效的评价。

5）设立合理的担保控制指标，改进在保项目跟踪监管措施，降低担保公司代偿赔付的机率。

6）建立完善的担保理赔准备制度、制定专门的代偿和追偿体系。

7）建立担保后评价及担保管理体制。总结和积累经验，从长远处防范工程担保风险的发生。

67. 工程担保公司的管理制度

工程担保公司的管理制度应该分为两个维度：一个是针对公司日常经营业务的工程担保的业务管理制度；一个是保证公司合理有序经营的公司的日常行政管理和人员管理制度。工程担保公司的业务管理制度包括：公司工程担保业务流程；工程担保业务的受理制度；工程担保业务的调查与评审管理制度；工程担保业务的担保管理制度（包括合同管理、反担保管理、保额和保费管理、保函管理）；保后监管制度；代偿和追偿管理制度；风险管理制度、保后评价制度；担保档案管理制度。

日常行政人事、组织制度则规定了工程担保公司各部门职责范围与管理人员的岗位责任。

68. 工程担保公司的组织机构

1）组织机构设立的原则：

①职责明确、相互制约、有效控制风险；

②调查、评审、担保、保后监管职能分离。

2）工程担保公司内部的主要职能部门：调查部门（负责资料调查和资信评估）；评审部门（负责评审、批准，承担审批责任）；担保部门（负责工程担保合同、反担保措施与管理、担保费计取、保函出具及延期、撤保等工作）；保后监管部门（负责在保项目的跟踪监管）；综合管理部门（负责公司日常正常运营的行政、财务、人力资源、档案管理等）。

69. 工程担保公司的资质管理

目前，国内相关法规制度对工程担保公司的资质管理还有待完善。建议实行严格的行业准入制度，实施资质证书管理制度，规范工程担保公司的运作。建设部应会同有关部门尽快制定审批条件，根据工程担保公司的资金实力、专业技术力量等，确定允许开展工程担保的业务范围，并对其设立后开展工程担保业务的信誉状况等作定期评估，对其提供担保书的担保总额做出合理的原则限定。

新设立的工程担保公司，应先到工商行政管理部门办理登记注册手续，并取得企业法人营业执照后，才能到企业注册地人民政府建设行政主管部门办理工程担保资质申请手续，并按要求提供申请工程担保资质时所需的所有资料。

对已从事工程担保的公司，则应实施工程担保资质年检管理。通过年检的公司可继续从事工程担保业务。对未通过年检、年检中做假、或代偿金额较大的公司，则予以淘汰。

70. 工程担保公司的信用评价

工程担保的基本原理是以担保人的信用放大受保人的信用。工程担保公司能够在市场环境中存在的前提条件是其自身信用不容置疑。工程担保公司的自身信用取决于两方面：一是代偿赔付能力；二是代偿赔付意愿。

对工程担保公司的信用评价主要来自于受益方和被担保方两方面的意见。对于受益方来说，担保公司在纠纷以及索赔行为出现时，能不能够及时的承担担保责任解决问题，解决问题的方式是不是公平合理是其评价的主要依据；对于被担保方来说，担保公司是不是秉承公平、公正的原则对其提出担保条件，能不能及时履行担保合同是其对担保公司进行信用评价时要考虑的因素。要加强工程担保公司的信息披露及信息沟通，逐步建立完善工程担保公司信用评级体系，减少市场交易成本，规范工程担保市场。在这套体系尚未建立之前，可以借助其他行业的信用审核结论，如银行成熟的信用审核机制，对担保公司进行信用审核。

71. 工程担保公司的清偿能力管理

工程担保公司的清偿能力主要是由其财产、信用、技能三个方面体现的，因此，可通过以下方面来提高工程担保公司的清偿能力，完善清偿能力管理：

1）控制公司代偿率。

2）承保业务的时候考虑公司自身的经济实力和项目的规模。参照《关于在房地产开发项目中推行工程建设合同担保的若干规定（试行）》第七条：有相关规定“专业担保公司担保余额的总额不得超过净资产的10倍；单笔担保金额不得超过该担保公司净资产的50%。”

3）外部监管部门还应当对工程担保公司的每季度的财务报表、担保合同和担保的保函进行审核，核查内容和金额的真实性和一致性，同时对担保企业的资产和担保余额以及每笔担保金额进行审核，确定其操作是否符合建设部对于担保能力的规定。

72. 工程担保公司的过程管理

工程担保公司的过程管理包括保函原件的管理和担保公司的担保过程管理。

保函原件的管理包括保函按照相关规定在相关部门进行的登记保管备案；申办施工许可证时的保函证明；担保期内发生索赔时的保函使用；担保期满的保函取回与撤保；被担保人主合同债务已实际履行完毕时的保函取回与撤保等。

担保公司的过程管理工作要求工程担保公司在一定期限内（一般为每季度首月的10日前）向建设行政有关部门提供公司阶段性的担保业务情况（统计报表、担保合同、反担保、保函复印件、保后监管、代偿与追偿等）、运营状况（股东变更、法定代表人变更、注册资本金变化、诉讼等重大事件）以及财务状况（纳税报表等）的书面汇报和资料。同时相关部门应当根据工程担保公司提供的资料建立相应的数据库，以便对担保公司进行动态的监督和管理，并做出及时的监管反馈与处理（如对担保活动不规范的公司，视其情节轻重予以通报批评、暂停或取消从事工程担保资格的处罚等）。

73. 银行在工程担保中的地位

从我国工程担保市场的情况来看，银行在工程担保的业务中是担保承担的主体，是主要的承保人。但是现实中，由于商业银行在承接工程担保业务时面临诸多风险，且在掌握工程担保信息和技术知识中处于劣势等不利情况，因此，从发展趋势上看，银行将逐步缩小工程担保业务或退出工程担保市场。目前，银行承接工程担保的适用范围包括：投标担保、业主工程款支付担保、承包商履约担保、承包商付款担保、质量保修担保。另外，一些省市地方，依照《担保法》等相关法律条文，结合本地实际情况，在其各自建设工程担保法规和管理制度的规定下，商业银行也可提供农民工工资支付担保、预付款保证担保、保修金保证担保等担保品种与业务。

74. 银行在工程担保领域的优势和劣势

银行在工程担保领域的优势主要有以下5个方面：

1）银行拥有良好的信誉保证。

2）银行拥有雄厚的金融实力和有效的支付能力，有足够的净资产来吸收亏损。

3）银行提供的低保额工程担保，可以节省工程担保的成本。银行提供的担保额度一般大约在工程造价的20%~30%。对于这种低保额的担保，银行收取的担保费用相对较低，自然也降低了工程担保的成本。

4）银行在对追偿时占有相对优势。

5）基于专业、经常的借贷业务经验，银行和企业有良好的合作基础。

银行在工程担保领域的劣势主要有：

1）低保额的保函赔付的程度很低，同时因为是无条件的保函，属于见索即付，只是起到赔偿的作用，并不能够对工程本身的顺利实施起到监管的作用。

2）由于银行本身的信息劣势，对于工程的风险缺乏准确的评价。银行将工程担保视为普通的信贷，对于工程本身缺乏相关的分析评价，对工程承包人的资质缺乏相应的限定，不利于保证工程的顺利进行。

75. 银行参与工程担保的赢利分析

银行通过经营工程担保业务，收取担保费用，可以增加其非利息收入，提高银行的盈利水平，增加银行的资金流量，扩大银行客户资源，促进金融产品销售，密切银企关系，促进银行业务规模扩大，提高市场占有率，为银行提供有用信息，提高经营管理水平，具有良好的综合效益。

76. 银行保函模式

银行对于担保业务的操作视为简单的信贷，所以组织模式很简单。承包商向银行提出担保申请，并提供相应的抵押物，银行即出具保函；而当受益人对保函提出赔付的要求后，只要符合保函的规定并出示相应的文件，银行即给予赔付。

77. 银行与工程担保公司的分工

工程担保行业的发展在我国起步较晚，比较和借鉴国外业已成熟的市场经验，我国应采用跨越式发展战略，建立以专业工程担保公司担保为主、银行担保为必要补充的工程担保体系。国外的一般做法是，银行利用自己的信誉和支付能力的优势，一般提供无条件的低额保函；专业工程担保公司利用自己在专业和信息方面的优势提供高额的有条件保函。

78. 银企联合模式

银企联合模式，是合作担保的一种。金融机构与专业担保机构合作的实质是控制和分散信用风险。两者合作的主要内容包括：建立充分的风险分担契约安排、实现对呆账的共同追索和处理、提取担保风险准备金用于代偿和坏账处理、加强信用担保机构本身的建设，以及合作业务的创新、合作范围的拓宽等方面。

银企联合模式的基本原理是同时利用银行在资金和追偿能力方面的优势以及担保企业在专业能力和信息方面的优势，为工程担保申请者提供更加优质可靠的担保。同时降低了银行和担保公司双方的风险。商业银行在承担工程担保时，为了化解自身的担保风险，一般要求担保对象提供申请担保金额 30% 的保证金给银行，但担保总额与 30% 保证金的差额部分，常由专业工程担保公司以保证的方式向银行提供担保，这种方式的好处是担保手续简单，银行和专业工程担保公司都可以分散或化解担保风险。

79. 保险公司在工程担保中的地位

我国目前在工程担保中不允许保险公司参与工程担保的业务。但是在发达国家，保险公司等同于从事专业工程担保的金融机构，是工程担保市场的主要的承保主体。其适用范围包括了所有的工程担保业务，如投标保函、承保保函、履约保函、预收（付）款保函、工程维修保函、质量保证等。

80. 保险公司在工程担保领域的优势和劣势

保险公司作为专门从事风险经营的金融机构，在工程担保领域的优势主要有以下两个方面：

1）雄厚的经济实力。保险公司雄厚的经济实力是其作为承保人进行赔付的保障，是其自身信誉的代表。

2）专业的风险分析、控制和管理能力。保险公司是专门经营风险的企业，其特长和优势便是进行风险的评估和分析，能够很好地对工程担保的业务进行风险分析以及后期的风险管理和控制。

保险公司是一个相对于银行和专业担保公司的综合体，在综合了担保公司和银行的优点的同时也有一定的缺陷，如在金融能力上，不具有银行强大的赔付实力；而在对工程担保专业技术方面的控制上又没有专业担保公司的优势。

81. 担保代理机构在工程担保市场的可行性

担保代理机构是担保市场的中介组织，为有投保需要的客户推荐担保公司，同时也为担保公司寻找他们愿意承保的客户。

在我国目前的工程担保市场上，对于工程担保制度的推行决定了以后的工程担保业务会越来越发达，但是很多公司对担保业务的申请上还缺乏经验，这时就需要有一个机构能够提供相应的服务，提供申请代理，针对公司自身的条件，向承保人提出有效的申请书，提高申请的成功率。而从担保公司方面来说，我国目前许多的工程担保公司还处在起步阶段，没有固定的客户群，而承包商对工程担保公司缺乏必要的了解，不知道该如何选择，担保代理机构就可以承担起向承包商推荐担保公司的作用。担保代理机构就是承包商和担保公司直接有效沟通的桥梁。

82. 担保咨询在中国工程担保市场的可行性

担保咨询业务在国外担保市场上已发展相当成熟，在我国也是一个发展的趋势。担保业务的品种和方式多种多样，决定了承包商由于自身实力的限制，可能会在担保品种的选择上存在着疑问。担保咨询就是利用专业人士的知识和技术优势，针对承包商和项目的具体情况选择合适的担保品种和模式，节约承包商的时间和资金成本。

83. 工程担保的操作流程

工程担保业务的工作程序与操作流程，是指担保人从受理担保申请人的担保申请书开始，到解除担保人的担保责任并收回担保人出具的保函为止的全过程中各个环节的工作内容与工作顺序。

工程担保的基本操作流程如图 3－1 所示。

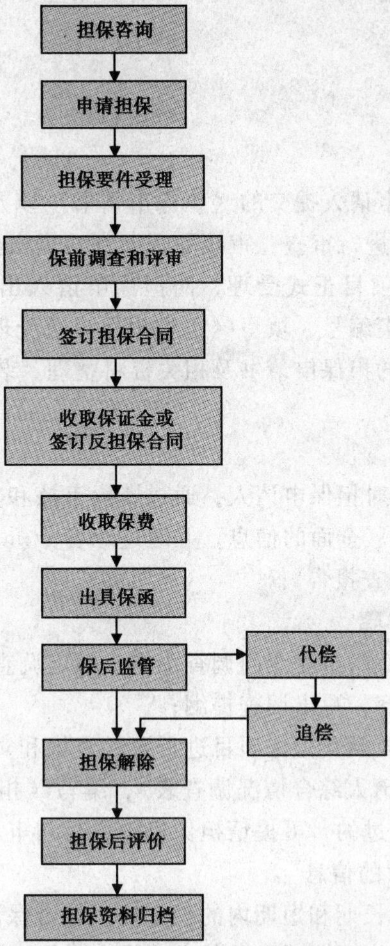

图 3－1　工程担保的基本操作流程

84. 担保咨询

担保咨询是指担保申请人在申请工程担保之前寻找一个担保代理，利用担保代理在专业方面的优势帮助承包商选择合适的工程担保业务品种和内容，向担保申请人发放空白的《工程担保申请书》、《工程担保申请应提交资料清单》，代担保申请人向工程担保机构提交符合条件的担保申请，为担保申请人在工程担保方面提供专业性的建议等。

在国外，承包商一般会在需要担保申请之前就寻找一个担保代理，这样能够为提供担保咨询公司提供一个足够的时间熟悉自己的担保要件，以保证担保代理向担保公司提交担保申请的时候能够尽量获得肯定的答复。通常承包商会通过填写一个调查表向担保代理提供需要分析的数据，同时代理公司还会通过其他方式获取承包商的资料。例如走访承包商的合作伙伴、访谈、调查承包商的信用等级、分包商、供货商等等。

85. 担保申请

担保申请指承包商向担保方提交《工程担保申请书》（或《信用担保申报书》）以及

《工程担保申请应提交资料清单》中要求提供的有关企业和项目的各种资料，并对所提供材料的真实性负责。

86. 担保要件受理

要件受理的基本步骤为：

1）担保机构接到担保申请人提交的《担保申请书》以及相关材料后，立即对委托人提供的材料真实性和准确性进行审查，审核受理条件，提出受理意见。

2）对符合担保条件的项目正式受理，向担保申请人出具《工程担保资料受理通知书》，建立申请人档案及档案编号，填写《工程担保申请受理表》，然后报相关部门审批。

3）将担保申请人提交的担保申请书及相关资料整理、装订、入档。

87. 保前调查

保前调查即担保机构针对担保申请人，通过资料审核和实地调查，获取担保项目、项目承担企业及反担保人真实、全面的信息，并通过综合分析、比较、评价，形成最后综合性的评定和结论即《担保调查报告》。

(1) 保前调查的基本步骤

1）由担保机构的调查部门组建专门调查小组，确定调查负责人，明确职责；

2）确定需要调查的内容，写出调查提纲；

3）调查人对担保申请人及其担保项目进行资料审核和实地调查；

4）填写《工程担保申请人综合情况调查表》，编写《担保调查报告》。明确调查小组评审意见，调查小组评审通过的，可提请担保机构进行初审。

(2) 保前调查需要获取的信息

公司财务：公司财务在长期和短期内的稳定性，能否保证公司的正常运作；经验：根据公司以前的工作管理状况推断公司目前的主要管理水平；管理能力：公司对于自身管理的能力和对其下属分包商的管理和控制能力；过去项目的运营记录：公司对于早期项目管理经验的记录，决定了公司早期管理项目的成功与否；现阶段工作量：公司本身的规模和实力，以及在目前的情况下再承担一个新的项目时能不能保证其成功实施；公司的组织结构：公司的组织结构以及公司部门和相关人员之间的关系；承包商和担保公司的互信程度：承包商和担保公司的相互信任程度，决定了承包商和担保公司的合作期限；组织的一致性：了解公司在发生变动或者主要人物缺失的时候能不能继续保证项目的实施和完成。

(3) 保前调查的要点

1）资料审核。资料审核是保前调查的开始阶段，是对申请担保企业提供的资料、信息进行搜集、整理和审核，以确定这些信息的有效、完整和真实性。信息不仅来源于企业，还应从其他途径，如与企业和项目有关的管理部门、金融部门、财税部门、供应商、用户等处获取。对上述资料、信息审核过程中需要进一步明确、补充、核实之处以及发现的漏洞、疑点即是下一步进行实地调查的重点。

资料审核的内容包括：

①按申请担保应提供的资料清单要求提供的材料是否齐全、有效，要求提供的原件是否为原件，复印件是否和原件一致，复印材料是否加盖公章。各种文件是否在有效期内，

应年检的是否已办理手续。

②有关各文件的相关内容要核对一致，逻辑关系要正确，通过对企业成立批文、合同、章程、董事会决议、验资报告、立项批文、可研、资信等级、环保及市场准入等具体文件的审核，了解担保申请人和反担保人是否具备资格、合法合规。

③财务报表是否由会计师事务所出具了审计报告，是否是无保留意见报告，初步分析财务状况，记录疑点，以便实地调查核实。

④对反担保人提供的文件资料的审核与以上三项基本相同，重点是审核反担保人提供的反担保措施是否符合《担保法》和有关法律法规（如房地产、土地）及有关抵押登记管理办法的规定，抵押物、质物的权属（权力凭证）是否明晰。

2）实地调查。担保机构在进行实地调查前，要列出调查提纲，明确调查目标，以保证调查的质量和效率。实地调查的内容主要包括：

①访问企业，会见有关当事人，了解企业和项目背景、市场竞争范围、销售和利润、资源的供应等情况；弄清担保用途和还款来源；考察企业管理团队的整体素质（文化程度、主要经历、技术专长、经营决策、市场开拓、遵纪守法等方面），了解主要领导人的信用状况和能力。

②对需进一步核实的材料，要求企业提供原件核对。

③考察主要生产、经营场所，通过走、看、问，判断企业实际生产、经营情况，印证有关资料记载和有关当事人介绍的情况。

④对财务报表的调查审核，应根据企业的实际情况，主要调查核实以下内容：了解企业的主要会计政策，是否按会计准则记账；企业的财务内部控制制度是否完备并有效执行；通过采用抽查大项的方式，审核企业是否做到了账表、账账、账证、账实四相符，核实资产、负债、权益是否有虚假；有保留意见的审计报告的保留意见部分；企业的或有损失和或有负债情况。

⑤察看抵押物、质物。以房地产抵押的，要察看、了解抵押物的面积、用途、结构、竣工时间、原价和净值、周边环境等；以动产抵押、质押的，要察看、了解抵押物、质物的规格、型号、质量、原价和净值、用途等；以汇票、本票、债券、存款单、仓单、提单等出质的，要察看权力凭证原件，辨别真伪，必要时请有关部门鉴定。

88. 保前评审

保前评审是指在保前调查的基础上，担保人对担保项目进行详细深入的评估审核，判断其是否符合担保条件，并最终作出是否对申请担保项目予以担保的决定。保前评审包括初审和评审会评审两个环节。

(1) 初审工作的步骤与重点

1）初审工作步骤：

①项目初审工作由担保机构分管负责人主持，召集调查、评审、担保、保后监管、财务等部门的联席会议，听取调查小组对工程担保申请人的情况调查汇报。

②听取结束后，对担保申请人、申请担保的项目、提交的各项资料以及调查小组的《担保调查报告》进行初审，并由评审部门负责将初步评审意见填写在《工程担保申请人初步审查表》中。对通过初审的担保申请人，向其出具《工程担保初步评审通知书》，同

时提请担保机构评审会进行评审。

2）初审工作重点：初审工作的重点是申请担保的项目资料和《担保调查报告》。审核的主要内容有：①项目资料的真实性、完整性、正确性；②对反担保措施提出意见；③对企业的报审资料从法律角度加以审核；④对项目的风险度进行评价；⑤对企业的信誉、能力、财务状况、一致性等方面进行评价。

（2）评审委员会及评审会评审

1）评审委员会：评审委员会一般由担保机构的总负责人、各部门负责人组成，主任委员由总负责人担任。评审委员会的日常工作由担保业务部门负责。评审会议的参加人员一般包括：评委会全体成员、项目负责人和协办人、评审会认为须参加的人员。

2）评审会评审的工作内容：

①由担保机构主要负责人主持，召集担保机构工程担保评审会会议，听取评审部门提交的初步评审情况报告，对担保申请人及其申请的工程担保品种进行质询、分析和评审；

②参加担保机构评审会会议的全体人员，应将个人评审意见如实填写在《工程担保评审表》内；

③将评审会会议结论填写在《工程担保评审表》内；

④评审完成后，对符合条件的申请者，由评审会成员联合签署《同意提供工程担保通知书》，发出通知择日签订工程担保合同，对于不符合条件的通知申请者不予担保。

89. 担保合同的签订

在建设部2005年颁布的《工程担保合同（示范文本）》（试行）中，对各类工程担保合同作了详细的规定。明确了各种工程担保合同的保证范围及保证金额、保证方式及保证期间、承担保证责任的方式、担保费及支付方式、担保方的追偿权、争议的解决以及双方的其他权利。

担保合同签订的基本步骤如下：

1）担保申请批准后，由工程担保部门向担保申请企业发送《同意提供工程担保通知书》通知其办理担保手续。《同意提供工程担保通知书》内容一般包括：同意担保的决定、缴纳担保费用的金额、付款期限和方式、办理担保手续应备资料和其他准备工作。

2）由工程担保部门负责准备（或拟订）《工程担保合同》和《反担保合同》的初稿文本。

3）由工程担保部与担保申请人对《工程担保合同》和《反担保合同》中需要调整和修改的合同条款进行协商和谈判。

4）由担保机构各职能部门和法律顾问、担保机构领导分别对《工程担保合同》和《反担保合同》进行评审。将评审结果分别填入《工程担保合同评审表》与《反担保合同评审表》。

5）填写《办理工程担保合同呈批报告》和《办理反担保合同呈批报告》，经批准后与担保申请人正式签订《工程担保合同》与《反担保合同》，并分发各部门。

6）担保部填写《工程担保合同登记表》与《反担保合同登记表》。

90. 反担保手续的办理

1）担保申请人用抵押方式作为反担保的，应与担保人签订书面的质押合同。并将担保申请人享有处分权且又符合《担保法》第 34 条规定的可抵押财产作为抵押物。

2）到市一级公证机关办理反担保合同和抵押合同的公证。

3）到《担保法》第四十二条规定的抵押物登记部门办理抵押物登记。

4）担保申请人以质押方式作为反担保的，应与担保人签订书面的质押合同：凡采用动产质押作反担保的，担保申请人应将动产的权利证明文件和动产转交给担保人；凡采用财产权利质押的，担保申请人应按《担保法》第七十五条、第七十六条、第七十七条、第七十八条、第七十九条规定办理出质登记，并将权力凭证和质押物移交给担保人。

5）担保申请人以第三方同业法人作反担保的，按《反担保人应提交的资料清单》的规定，由担保申请人提供第三方同业法人的各种相关资料，经担保人审查合格后，担保人与作为反担保人的第三方同业法人签订《反担保合同书》，并由担任反担保人的第三方同业法人向担保人提供《反担保保证书》。

91. 担保费的缴纳

1）在执行国家规定的担保收费标准基础上，担保部按其与担保申请人根据具体情况商妥的担保费计收办法填写《工程担保费认缴单》；

2）担保申请人凭《工程担保费认缴单》到担保机构的财务部门缴纳担保费；

3）财务部出具收取担保费的收据或发票给担保申请人，同时填写《工程担保费收缴通知单》给工程担保部门。

92. 工程保证金银行专户监管的必要性和方式

1）降低银行担保风险。由于商业银行在经营保函业务时面临着诸多风险，如：保函申请人的违约风险；受益人不合理的索赔风险；反担保人的信用风险；银行自身内部的操作风险；保函条款方面的文本风险，以及有关国家的政局稳定程度降低，经济政策连续性遭到破坏，对外开放程度下降，外汇管制加强，国家法律法规变化等对保函申请人、受益人和反担保人带来的一定影响，从而构成担保银行的国家风险、政策风险和法律风险。同时，担保银行如果不熟悉本国对外、对内担保的有关法律、法规和政策，盲目出具担保，也会给自己带来不必要的风险。此外，涉外保函业务还具有因汇率变动而导致损失的汇率风险。因此，银行为防范上述风险实行按风险定价并收取保证金。

按照收益与风险相对称、高风险高收益的原则，出具保函的银行可按照保函业务中被担保客户的信用等级与风险大小，区别不同的保函种类、期限长短以及不同项目情况，分别规定高低不同比例的保证金（对于信用等级相对低、风险较大的客户收取较高的佣金，以弥补风险损失）。并要求申请人及时足额交存到经办保函业务的银行。保证金存款只能用于保函项下的支付，并一律按企业活期存款计息，有利于专款专用、降低担保方的代偿风险。它既作为反担保措施，防范保函业务经营风险，又使银行获得一定的信贷资金来源。

2）解决全额担保金缴纳操作上的困难。为解决全额担保金操作较为困难的问题，遵循便于操作又切实可行的原则，依据企业综合信用度的高低确定不同的担保金比例，并考虑担保期限的长短，按照一定比例分期补充担保金，使担保金在担保失效前一年或半年时与担保金额相同。在这方面，现行的银行承兑汇票保证金制度既具科学性，又便于基层操作，值得借鉴。在受理并对外开立保函时，可按以下原则掌握担保金比例：AAA 级信用企业在提供 30% 的担保金后，剩余部分用其财产作抵押。AA 级信用企业在提供 60% 的担保金后，剩余部分用其财产作抵押。A 级信用企业在提供 80% 的担保金后，剩余部分用其财产作抵押。其余企业一律提供全额担保金。对 A 级以上企业由于没有提供全额担保金，应按保函期限的长短按年（季）补充相应的保证金。尤其是对外开立的履约银行保函，在项目竣工后企业取得了预定收益，完全有实力补充担保金，使银行的风险控制到最小范围。

93. 工程担保保函的办理

1）在担保申请人完成担保费的缴纳之后，担保部凭财务部出具的《工程担保费收缴通知单》和担保申请人的缴纳保费收据或发票复印件，已签订的《工程担保合同》、《反担保抵（质）押合同》，填制《工程担保函》样件。

2）担保机构交各部门对《工程担保函》样件进行评审，并在《工程担保保函评审表》上签署评审意见。

3）担保机构法律顾问对《工程担保函》样件进行修改，并在《工程担保保函评审表》上签署评审意见。

4）担保部根据评审意见修改保函，填写并办理《办理工程担保保函呈批表》；

5）担保机构法人代表审定修改后的工程担保函，并签发《保函发放审批表》；

6）工程担保部凭担保机构法人代表审定的《工程担保保函》和《担保发放审批表》，出具正式的《工程担保保函》；

7）保函原件一式两份，一份交被担保人，由被担保人出具收条，另一份原件由担保部留底；

8）填写《保函发放登记表》，将《工程担保保函》复印后发调查部、评审部、保后监管部、财务部、法律顾问和公司主管领导；

9）填写《工程担保保函登记表》，建立在保项目台账；

10）担保部以担保机构的名义，向保后监管部下达《保后跟踪监管通知书》，同时将被担保人的全套资料移交给保后监管部门，由此被担保人正式进入保后跟踪监管。

94. 保函延期与修改

保函一经签发，不得擅自修改变更，但是建设工程过程复杂，经常会因各种各样自然的、人为的等不确定因素导致工程变更从而致使工期拖延，为了确保工程担保在工程的施工存续期间持续有效，需要变更工程担保金额或延长担保期限，因此被担保人必须申请延期或修改工程担保。

（1）保函延期或修改的步骤

1）保函延期或修改的申请：担保期间，被担保人和受益人因主合同《建设工程施工合同》发生变更需担保人修改或换开担保函的，被担保人应填写《申请保函延期（修改）报告单》，并提前 30 天向担保人提交要求担保延期或修改保函的书面申请报告和变更后的主合同。

2）保函延期或修改的调查和评审：担保机构组成专门的调查和审核小组，对申请修改的原因及事项的真实性和可靠性进行实地的考察，对是否接受修改申请的要求作出评审。

3）保函延期或修改的办理：保函延期或修改申请通过评审，被担保人与担保机构将签订修改后的反担保合同；变更抵押或质押登记；签订修改后的工程担保合同；被担保人重新缴交增加的担保费；担保机构收回原出具的担保函原件；出具修改后的担保函件；填写《工程担保保函登记表》。

（2）延期或修改的保费承担

对由于非承包商的原因造成的工程延期，为了保障发包方的利益，承包商必须提出担保延期，延期的保费由发包方承担；对因为承包商的原因引起的工程延期，承包商必须对工程担保进行延期，同时，保费自理。

95. 担保的解除

（1）担保解除的类型

1）因工程担保有效期届满，工程担保责任的自动解除；

2）履行了工程担保责任后担保即解除；

3）因被担保人违约造成的担保解除；

4）担保有效期内，被担保人或受益人提前解除担保合同；

5）按照法律、法规的规定或出现应解除担保人保证责任的其他情形。

（2）担保解除的基本步骤

1）担保有效期满，由担保机构向被担保人发出《工程担保到期通知书》；

2）由被担保人从受益人处收回担保函原件并交还给担保人；

3）由被担保人和受益人共同向担保人出具《解除担保责任确认书》，并交担保人存档；

4）由担保人签发《解除反担保责任确认书》；

5）解除被担保人的抵押或质押登记；

6）保后监管部门将《解除担保责任确认书》和《解除反担保责任确认书》复印给担保机构各部门和领导，以便担保机构各部门与领导了解担保结果。

96. 工程担保合同示范文本

2005年5月11日，建设部下发了《建设部关于印发〈工程担保合同示范文本〉（试行）的通知》，《示范文本》由投标委托保证合同、投标保函；业主支付委托保证合同、业主支付保函；承包商履约委托保证合同、承包商履约保函；总承包商付款（分包）委托保证合同、总承包商付款（分包）保函；总承包商付款（供货）委托保证合同、总承包商付款（供货）保函组成。

97. 工程担保合同示范文本的积极作用

工程合同的示范文本是指导性的示范文件，并非强制规范性的。各地方可根据具体情况不同，在实际的运用过程中作出相应的补充和调整。

工程担保合同示范本的下发有效地填补了我国目前工程担保合同缺乏相应的法律法规依据的空白，为加快推进工程担保制度的建设，规范工程建设担保活动起到了指导性的作用。

98. 工程担保合同的主要条款

工程担保合同的条款主要包括以下几个方面：担保品种的定义，保证的范围与保证金额，保证方式和保证期间，承担保证责任的形式，担保费及支付方式，反担保，担保人的追偿权，双方的权利与义务，争议的解决，双方约定的其他事项，合同的生效、变更和解除，附则。

99. 工程担保合同生效的时间和期间

工程担保合同由双方法定代表人（或其授权代理人）签字或加盖公章后生效。

投标担保的有效期在合同中约定，截止时间为投标有效期后的30天至180天。

承包商履约担保的有效期在合同中约定，截止时间为工程建设合同约定的工程竣工验收合格之日后30天至180天。

承包商付款担保的有效期应当在合同中约定，截止时间为自各项相关工程建设分包合同（主合同）约定的付款截止日之后的30天至180天。

实行保修担保的，支付担保的有效期应当截至承包人根据工程承包合同约定完成了全部工程结算款项支付之日。不实行保修担保的，支付担保的有效期应当截至承包人根据工程承包合同约定完成了除工程质量保修金以外的全部工程结算款项支付之日。

《建设工程质量管理条例》对工程各部位的保修年限作出最低的限制，所以，承包人保修担保的有效期不得低于《建设工程质量管理条例》规定的最短保修年限。

100. 签订工程担保合同的注意事项

在签订担保合同时担保人应注意如下问题：

1）担保赔付方式，尽量不要采用“无条件赔付”、“见索即付”等字眼。如果有，要主动与申请人联系，说明其利害，并请其与业主联系，取消该字样或以其他适当措辞代替，经担保人认可后再正式开出。若经过交涉，业主不同意取消“无条件赔付”、“见索即付”等字眼，担保人可要求申请人提交100%的反担保书或保证金、足额抵押或质押。

2）应该在担保合同中注明担保金额与有效期，担保金额要使用一个固定的数目，不要使用百分比；有效期到期应明确为一个固定日期或者某项明确事件发生后的一个固定时间，而不要使用如“完工后一个月”之类的意思模糊用语。

3）争取较长的宽限期。即在担保合同中规定，债权人提出索赔的一定时间内，担保人进行赔付。这段时间内，可以通过被担保人与担保人的努力，使债权人撤销索赔；或者担保人使被担保人先于自己进行赔付，而使自己免于赔付责任。

4）担保转让条款，担保人应尽量争取担保不可转让条文，因为如果可以转让，申请人对新的债权人不了解，就有可能带来很大风险。

5）对于预付款担保，要注意写入预付款担保额度随预付款扣留而逐渐减少。

6）应尽量使用意思明确的措辞，避免使用意思模糊的措辞。

7）争取在合同中列明使担保人免于承担责任的条件。

101. 承保人的赔付方式

承保人的赔付方式主要有三种：

1）赔偿业主方的经济损失；

2）代为履行，即在承包商无法履行合同是代为履行承包商的义务；

3）为业主方重新寻找合适的承包商。

102. 工程担保索赔的内容

工程担保索赔是指业主（或承包商）履行了比合同规定的更多的义务或者自身权利因被担保人未履行或未完全履行赔偿责任而受到侵害时向工程担保方提出对自身权利的补偿要求。

索赔的前提条件必须是被担保人违约，其内容包括两个方面：

1）被担保人违反合同；

2）债权人宣布其违约并中止其继续履约。

103. 发生工程担保索赔的情形

针对投标担保，出现以下情况可以进行担保索赔：

1）除不可抗力外，投标人在投标有效期内撤回投标文件；

2）投标人不接受评标委员会评标中按照招标文件的规定对投标人的报价计算错误所作的纠正；

3）评标委员会发现投标人以他人的名义投标、串通投标、以行贿手段谋取中标或者以其他弄虚作假方式投标的；

4）中标通知书发出后，中标人放弃中标项目的，无正当理由不与招标人签订合同的；

5）中标人在签订合同时向招标人提出附加条件或者更改合同实质性内容的，或者拒不提交所要求的履约担保的。

在履约合同担保的范围内，出现以下情况可以进行履约担保索赔：

1）承包商在履约一定阶段后，宣布违约放弃继续履行合同义务。

2）承包商能力不足，不敢承担继续履约潜在的风险。例如，相似工程经验少，不能有效组织技术攻关等。

3）承包商工作的失误与疏忽。

4）承包商因经营不利而亏损过多，无力继续履约，宁肯牺牲保证金而避免继续履约所造成的巨大损失。

5）承包商宣告破产等。

实际上，只要合同双方有一方不能完全履行合同的义务或者履行了超过合同规定的义务都有权利向不作为或者未作为的一方提出相应的索赔。

104. 工程担保的索赔程序

1）受益人在保函规定的有效期限及金额内向担保人提示书面文件。受益人在觉得自己的权益受到侵害时，必须在担保有效期内向担保方提出索赔，同时应当提供担保合同中要求的索赔书、声明书以及其他所有以索赔为目的的文件。

2）担保人对合格的索赔文件予以付款。当担保人审查过后，对于认为事实依据清楚、赔付要求合理的索赔申请予以赔付。如果担保人认为索赔依据不清楚、不合理不予支持赔付时，也应当及时通知受益人。

3）担保人受理索赔后必须迅速通知担保申请人。担保人受理索赔后，应当及时将相关的文件转给被担保人，以便其采取法律措施。受益人要求在担保保证期到期前予以赔付或者延长保证期时，担保方也应当通知被担保人，并取得其同意。

4）担保申请人偿还担保付款。担保人履行合同义务向受益人支付索赔后被担保人应及时予以偿还。

105. 工程担保发生索赔后工程建设合同可以继续履行的情形

工程担保发生索赔后，工程建设合同能够继续履行。主要承包商和业主对索赔内容达成一致并进行赔付后，承包商具有继续履行合同的能力，双方对继续履行合同的意见达成一致，工程建设合同就能够继续履行。

106. 协调、仲裁和审判之间的关系及各自的适用范围

协调是指当事人对索赔方提出的索赔方式和金额有异议时，双方或者三方当事人可以自行对有争议的问题进行协商以达成一致。如果协调不成功，双方无法达成一致，那么可以通过仲裁和审判解决争议。仲裁是指在双方达成协议，自愿将争议交由第三方作出裁决，并且双方对裁决的结果有义务执行。审判则不需要双方当场协议，一方向法院提起诉讼，另一方则必须应诉。

在工程担保期间，当担保人收到受益人的书面索赔要求后，一方面及时将受益人的索赔要求知会被担保人，要求被担保人予以确认。同时，担保人还将根据受益人索赔的事由派出相应的理赔专家进行理赔调查，如果担保人调查的结果与受益人索赔事由不一致，担保人将对受益人和被担保人之间的纠纷进行调解，如果协调不成，则由被担保人和受益人达成协议提请仲裁机关或双方的任何一方直接提请法院进行审理，担保人按仲裁或审理的结果进行处理。

107. 工程担保代偿

对于提出索赔的工程项目，担保方首先采用承包商的保证金进行补偿，不过，保证金不足以补偿的，则由担保人代偿。

对于工程担保的代偿，建设部建市［2004］137号文、（2005）74号文与各省市制定的建设工程担保规定中，对工程担保的违约情况、代偿类型和条件、代偿程序和代偿金额等代偿安排作了明确的规定。

工程担保代偿的基本步骤为：

1）根据受益人的索赔书，组织有关人员深入现场进行理赔调查，填写《工程担保理赔调查表》，编写《工程担保理赔调查报告》；

2）向被担保人发出《代偿通知书》，并与被担保人协商并签订《代偿协议书》；

3）拟订因被担保人违约而担保人必须履行保证责任的代偿方案，填写《工程担保代偿申请审批表》和《关于拨付代偿款的申请报告》报领导审批核准并负责实施。

108. 工程担保追偿

（1）工程担保的追偿及其成立的条件

《担保法》第31条规定："保证人承担保证责任后，有权向债务人追偿。"从债的关系而言，债权人与主债务人之间存在着实际上的债权债务关系，主债务人应偿还所负债权人的债务。当保证人依照保证合同替代主债务人清偿全部或部分债务后，即取得了债权人对主债务人的全部或部分债权，可以主债务人的新债权人的身份追偿其代为清偿的部分。但是担保人追偿权的行使应当具备一定的条件。

担保人追偿权的成立条件：

1）担保人向债权人（受益人）履行了保证债务；

2）因担保人的保证责任履行使债务人（被担保人）免责；

3）担保人履行保证债务无过错。

担保人按照担保合同的约定承担了保证责任（代偿赔付）后，担保人有权要求被担保人立即归还担保人代偿的全部款项及担保人实现债权的全部费用，另外，被担保人还应支付担保人代偿金额从代偿之日起按银行同期企业贷款计算的利息、罚息，并按代偿款项之和的一定比例，一次性向担保人支付违约金。

（2）工程担保人实现追偿的途径

工程担保人实现追偿的途径分为协议实现和诉讼实现两种。《担保法》第三十五条规定："债务履行期届满抵押权人未受清偿的，可以与抵押人协议以抵押物折价或者以拍卖、变卖该抵押物所得的价款受偿；协议不成的，抵押权人可以向人民法院提起诉讼。"即担保人可以要求被担保人补偿担保人代偿的损失，当被担保人没有能力偿还的可以对反担保中的抵押和质押物品进行清算拍卖。而对于违约行为导致破产清算的，担保人对其财产在清算前享有优先追偿权。

（3）工程担保的追偿步骤

1）根据担保人与被担保人签订的《代偿协议书》和担保人履行代偿责任的实际情况，制定保证担保人应向被担保人进行债务追偿的方案，同时填写《工程担保追偿申请审批表》报领导审核批准；

2）向被担保人发出《追偿通知书》，按《担保合同》、《反担保合同》和《代偿协议书》的约定，处理被担保人抵押或质押的反担保物，或向反担保人进行追偿；

3）如果协议不成，担保人提起法律诉讼，向被担保人或反担保人追偿债务；

4）清偿担保人的代偿债务；

5）编写《工程担保代偿、追偿总结表》，吸取代偿、追偿教训，完善工程担保管理制度。

109. 保后监管

工程担保的保后监管即对被担保人的保后跟踪监管，是指自保函发出后一直到担保责任结束之前对被担保人和被担保项目的日常监督与管理。细致深入的保后监管工作可以降低担保人的代偿几率，是工程担保的重要环节之一。

(1) 保后监管的组织体系

履行保后监管职能的是担保机构的保后监管部门。保后监管部门成员应由具有执业资格的一级建造师、监理工程师、注册造价工程师、经验丰富的施工企业会计等组成。担保机构应根据不同的工程担保类型，指派相应的专业人员负责保后监管工作。保后监管负责人在监管过程中，填写《保后跟踪监管项目一览表》，全面掌握在保项目的综合情况。

(2) 保后监管的类型

按照担保机构承担的担保品种，保后监管分为：投标担保的保后监管；承包商履约担保的保后监管；对于业主工程款支付担保的保后监管；总承包商付款（分包）担保与总承包商付款（供货）担保的保后监管等。

(3) 保后监管的内容重点

不同类型的保后监管，其工作内容各有所不同。

1）投标担保保后监管的主要内容：是对被担保的投标人的投标行为及其在中标后是否按规履约进行监管。

2）对于承包商履约担保，其保后监管的重点在于随时掌握工程承包商是否能按《建设工程施工合同》约定的质量标准、施工进度计划和开竣工日期，保质、按期完成《建设工程施工合同》中规定的全部工程内容。

3）对于业主工程款支付担保，其保后监管的重点在于随时掌握业主是否能按《建设工程施工合同》的约定，准时、足额地将工程款支付给工程承包商。

4）总承包商付款（分包）担保与总承包商付款（供货）担保的保后监管内容，主要是跟踪总承包商是否能按其与工程分包商签订的工程分包合同或按其与设备材料供货商签订的设备材料供货合同中约定的付款日期和付款金额，准时、足额地将分包工程款或供货款支付给工程分包商或供货商。

(4) 保后监管的方式

保后监管的方式一般可分为日常跟踪监管、定期跟踪监管和动态跟踪监管三中方式。

(5) 保后监管报告

保后监管负责人定期（一般以月为周期）编写不同担保品种的《保后监管报告》。对被担保人的履约情况、存在和潜在的履约问题、解决对策、防范措施、整改态度与结果进行陈述。并定期召开保后监管分析会议，对被担保人的运行情况进行评价并提出整改意见。

110. 担保的保后评价

项目担保的保后评价是指担保人在保函的有效期届满或者履行完保证义务后，并由被担保人从受益人处收回保函原件且解除自己的担保责任、办理完解除担保责任手续后，对原被担保人在被担保期间的履约能力以及信誉资质作出综合评价。

111. 进行保后评价的原因

项目担保的保后评价有利于担保人建立自己的客户信誉档案、完善客户信誉等级制度，以确定长期的合作伙伴关系以及在以后的业务往来中合理调整自己的担保协议和条件。进行保后评价可以作为将来担保公司事前担保评估和审查的依据。根据被担保人以前的信誉和履行合同的情况，分析承担担保时的项目风险，同时在确定担保费用的时候考虑其履约能力和信誉的风险成本。进行保后评价有利于我国工程担保制度的立法完善。在工程担保后评价中，查找在前期审查和评价中的漏洞，初步完善相应的法律法规。

112. 保后评价的内容

针对工程项目担保中被担保人的不同。保后评价分为：

1）业主工程款支付担保后评价。对业主工程款支付担保后进行评价，主要是评价业主在被担保期间，是否履行了工程款支付的义务，将预付备料款、月度工程进度价款、阶段工程进度价款、竣工结算等工程款项准时、足额地支付给了承包商。

2）承包商履约担保后评价。对承包商的履约担保能力进行保后评价。主要是评价承包商在被担保期间，能否遵守合同约定，保质、保量、准时地完成全部工程。评价包括工期延长的分析、工程质量缺陷的分析。

113. 工程担保档案的管理

工程担保档案管理是指在担保行为结束后，担保机构对被担保人担保全过程所涉及的所有文件和资料进行搜集、整理、归档、保管和使用的管理过程。

工程担保机构为了自身利益，对担保申请人提交的《工程担保申请书》或《工程担保委托书》、要件审查后填写的《工程担保申请受理登记表》、担保人与担保申请人签订的《工程担保合同》和《抵（质）押担保合同》、由保后监管部门出具的各期《保后跟踪监管报告》、担保机构评审委员会讨论并同意代偿的《会议纪要》、《代偿方式》及其他文件等进行全面、细致的整理、归档，详细反映客户的情况，做好基础工作。

担保档案由担保机构的档案管理部门根据担保档案内容的要求向担保机构各部门进行资料的收集。解除担保责任后，工程担保机构各部门应该主动地配合，将本部门掌握的原被担保人的资料提供给档案管理部门。资料收集来之后，档案管理部门对所有资料进行整理、装订成册、归档和保管。以便全面、系统地进行档案整理，并作为今后担保业务的重要参考依据。

其中，在担保档案的使用与保存上，需要注意以下两点：第一，担保档案只供担保机构内部借阅使用。其次，担保档案的保管期限，一般为从解除担保之日起至少 5 ~8 年。

第4章 工程担保风险控制

114. 什么是工程风险

风险是将来可能发生并带来损害的事件。工程项目一般投资大、周期长、技术要求高，在建设过程中不确定性因素较多，参与建设的各方将不可避免地面临各种风险。工程风险，概括说，就是在工程建设过程中可能发生，并影响工程项目目标（费用（资金）、进度（工期）、质量和安全）实现的事件。要控制工程风险的发生，就应对产生工程风险的原因及其导致的后果有清晰的认识。

工程风险来自于具体的风险源或风险事件。风险源是指风险产生和存在的各种各样的原因。风险事件是指由一种或几种风险源相互作用而可能发生的影响项目目标实现的事件。风险事件的发生是不确定的，对项目目标实现的影响也是不确定的。在大中型工程项目建设中，对业主而言，项目实施期间大部分的风险事件都可能导致严重的甚至灾难性的后果，势必影响项目目标的实现。

常见的典型工程风险事件如表4－1所示。

表4－1 常见的典型工程风险事件

风险因素		典型风险事件
技术风险	设计	设计内容不全，设计缺陷、错误和遗漏，规范不恰当，未考虑地质条件，未考虑施工可能性等
	施工	施工工艺的落后，不合理的施工技术和方案，施工安全措施不当，应用新技术新方案的失败，未考虑场地情况等
	其他	工艺设计未达到先进性指标，工艺流程不合理，未考虑操作安全性等
非技术风险	自然与环境	洪水、地震、火灾、台风、雷电等不可抗拒自然力，不明的水文气象条件，复杂的工程地质条件，恶劣的气候，施工对环境的影响等
	政治法律	法律及规章的变化，战争和骚乱、罢工、经济制裁或禁运等
	经济	通货膨胀或紧缩，汇率的变动，市场的动荡，社会各种摊派和征费的变化，资金不到位，资金短缺等
	组织协调	业主和上级主管部门的协调，业主和设计方、施工方以及监理方的协调，业主内部的组织协调等
	合同	合同条款遗漏，表达有误，合同类型选择不当，承发包模式选择不当，索赔管理不力，合同纠纷等
	人员	业主人员、设计人员、监理人员、一般工人、技术员、管理人员的素质（能力、效率、责任心、品德）
	材料设备	原材料、半成品、成品或设备供货不足或拖延，数量差错或质量规格问题，特殊材料和新材料的使用问题，过度损耗和浪费，施工设备供应不足，类型不配套，故障，安装失误，造型不当等

工程风险可分为人为风险和自然风险。在表4－1所列内容中，全部技术风险因素以及非技术风险因素中的经济、组织协调、合同、人员、材料设备都与招投标活动以及合同的制定和履行相关。也就是说，除了自然环境和政治法律因素外，都可以通过实行工程担保使风险因素得到一定程度的识别，使风险的发生得到一定的控制。而自然环境造成的风险则应通过保险进行转移和控制。

115. 如何识别工程风险

国际工程风险管理界有一个至理名言：风险一旦被识别，它就不是风险，而变成了管理问题。任何具体的工程项目都有它们各自的特点，不可能两个项目有完全一致的风险。因此，在项目筹备开始及项目全过程中，注意根据项目性质和特点，组织风险调查与识别。

风险调查的主要内容有：

1）技术特点。项目实施人员的数量、技术素质、能力和经验；项目实施的技术方案和方法；项目实施的硬件技术，包括施工设备、建筑材料和机电设备的质量等。

2）组织特点。业主内部组织模式；外部机构联系（包括项目领导机构、为项目提供资金的机构以及参与项目建设的有关机构）。

3）自然及环境特点。水文气象资料；工程地质条件；项目实施过程对邻近环境的影响；邻近环境对项目实施的影响。

4）经济特点。资金来源及附加条件；经济政策的变化可能对项目实施的影响；相关市场的变化可能对项目实施的影响；融资途径；贷款方条件。

5）合同特点。合同类型；合同格式；合同内容。

风险调查并不是一次性的，正如风险识别是一个系统的连续的过程，应不断了解项目变化的条件及其对项目风险状态的影响。通过风险调查，建立初始风险清单。以初始风险清单为起点，项目管理人能够对项目风险有一个全面的、系统的认识，客观地评估风险，有计划地采取必要的措施，对项目风险进行控制。

116. 如何评估工程风险

风险管理中一个重要组成部分就是风险评估，能否对建设项目进行准确、有效的风险评估和采取相关的风险控制措施，已成为建设单位风险管理成与败的关键所在。风险评估即指在风险识别和风险估测的基础上，把风险发生的概率、损失严重程度，结合其他因素综合起来考虑，得出标的系统发生风险事故的可能性及其危害程度，并与公认的安全指标比较，确定系统的危险等级及管理目标，然后根据评估结果来决定完整的风险控制计划。风险评估内容如图4－1所示。

117. 工程风险的控制方式

除了加强工程项目设计、施工、组织协调的管理外，目前控制工程风险的主要方式是工程保险和工程担保。工程保险保的是自然风险即意外和自然灾害的风险，而工程担保承保的是人为风险中的信用风险，其特点是将信用风险转移回风险源。信用风险转移的结果是债务人增强了履约的自律。而政治风险将由投资人自行承担。

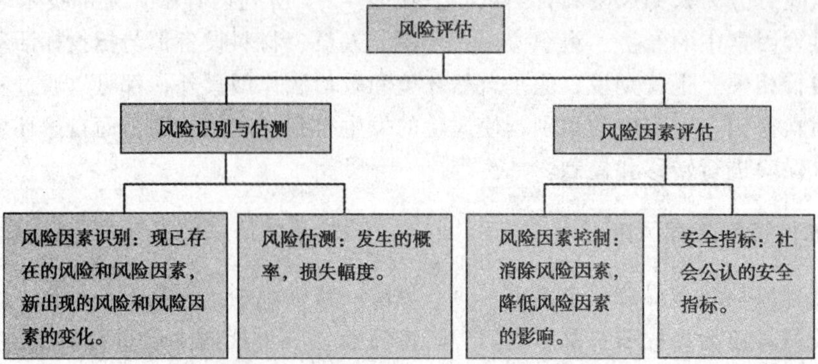

图4－1 风险评估内容

对于工程风险来讲，形象地说，工程保险防范的是自然风险，是“天灾”；工程担保防范的是人为风险，是“人祸”。工程保险与工程担保的关系如图4－2所示。

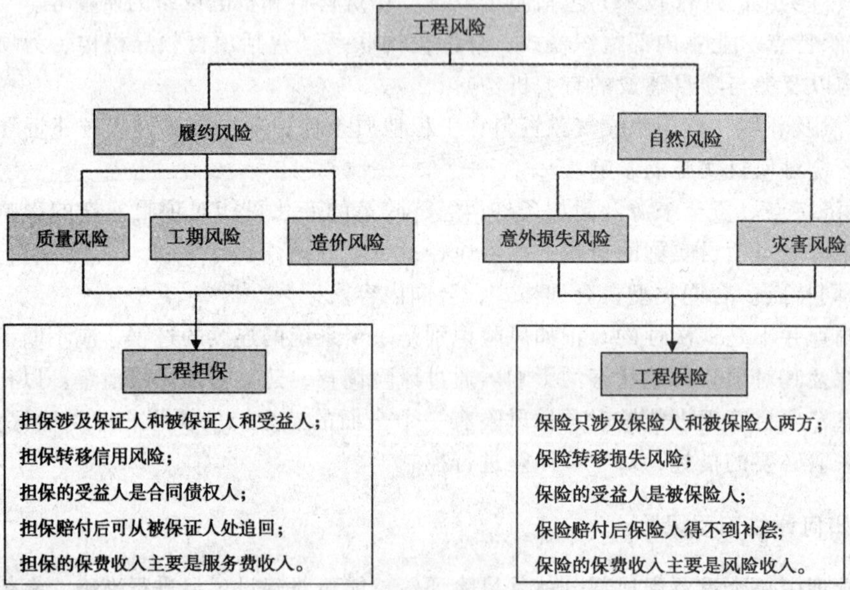

图4－2 工程保险与工程担保的关系

118. 工程担保的承保风险及其防范

工程担保的作用之一就是通过向受益人提交保函将一定的工程风险转移到保证人自己身上。被转移的工程风险是否发生是或然的，如果没有发生，就不会成为保证人的风险，如果发生了，就成了保证人的风险，这就是承保风险，可能给保证人造成无法挽回的损失。工程担保在操作上要尽最大的努力避免发生风险损失，因此保证人在出具保函前要对投保人的诚信和履约能力进行调查，对于投保人履行合同中可能存在的质量风险、工期风险、造价风险等进行充分的评估。所以，保证人一旦决定提供担保，基本上能确信不大可能发生投保人的违约行为，或有充分的反担保抑制或转移违约风险。

119. 工程担保市场的竞争风险及其对担保业的影响

工程担保市场的竞争风险应当是指恶性竞争产生的风险。合理的竞争有助于形成优胜劣汰的工程担保市场，有助于工程担保机构提高服务水平和管理水平。但在目前市场中，一些担保机构主要通过降低担保费率，降低甚至取消反担保条件争取担保项目，使得担保费率极低，风险控制措施几乎空白。这不但破坏了一个市场，而且使担保机构的收入不足以维系正常的运作，特别是担保机构对风险的控制力大大减弱，没有承担保证责任的能力。这就是恶性竞争给工程担保市场带来的风险，结果使担保机构逃避责任，诚信丧失，并对整个担保行业造成严重的影响。因此担保行业必须加强监管和自律，鼓励合理有序的竞争，打击和遏制恶性竞争。

120. 工程担保的风险防范与控制措施有哪些

工程担保的风险防范与控制措施主要有以下四个方面：

1）完善市场准入制度、建立市场信息披露制度及价格监管，保障工程担保市场的良性竞争，避免整体市场环境恶化和担保企业整体信用的降低。

由国家监管部门或行业协会对担保公司偿付能力进行要求，设置工程担保的从业条件。如要求注册资本和实收资本达到一定金额，具备一定的专业人员，具备有效的风险控制制度和措施等，方能从事工程担保业务。建立从业人员的资格认证制度，主管部门或行业协会组织和管理，对担保行业的从业人员进行定期的培训和从业资格认证，为从业人员的素质要求制定相应的标准。

多渠道向社会公布具备从事工程担保资格的担保公司名单、担保限额、以往从业主要经历明细等担保公司的信用情况，供投保人——承包商和业务相关部门查询。具备从业资格的担保公司要定期向主管部门和专门的监管机构提交财务报表、企业重大事件和重大变更报告。

良性的市场竞争要求担保费率保持在一个合理的区间，以防止担保公司过低的费率影响风险准备的计提，导致偿付能力降低或丧失，也避免过高的费率形成对公众的剥削。担保行业应该有行业费率的参照区间，由担保协会对会员的定价实行备案制的管理。当协会会员采取与市场平均水平偏离较大费率时，协会有权要求担保公司针对其费率制定作出合理的解释。

2）客户选择与前期业务调查，特别是加强对被保证人的资信审查，通过对企业及目标项目的尽职调查，减少因客户选择和承保评判的失误造成损失。

担保申请人法律主体资格的调查：包括营业执照、法人代码卡、税务登记证、贷款卡、章程和资质等级等。

企业特性及管理水平、经营状况的调查：包括过去的经验、荣誉、组织和管理信息、行业及竞争对手情况、经济实力、经营业绩等。

担保申请人的财务状况：通过审查财务报表、现场勘察、核对实物、人员走访、了解以往的工程记录、在建工程的履约记录等方法审核企业的财务状况。

申请人的承建能力：即该企业为该项工程在人、财、物方面所作的准备是否到位。

通过第三方的调查：即通过对建设主管部门、银行、工商、税务和法院等单位的走访，进一步全面了解企业真实的经营状况。担保公司根据调查搜集到的资料，对企业履约能力打分，确定企业履约能力的等级，确定是否承保。

3）反担保措施设置，提高被保证人的违约成本，避免人为违约风险。成功的反担保措施的设置可以有效避免被担保人的道德风险，同时一旦违约情况发生，就可以通过对反担保物的处置把担保机构的赔付损失风险降至最低。

4）保后监管，及时发现、解决各种潜在违约风险。

121. 资信审查对工程担保风险控制的作用

工程保证担保中的资信审查一般体现在以下几方面：

1）财务状况。以企业财务报告等核算资料为基础，采用一系列的分析方法和指标，对企业的财务状况和经营成果进行研究与评价，以达到以下目的：一是剖析洞察企业自身财务状况与财务实力；二是分析判断外部利害相关者的财务状况与财务实力。具体可归纳为：营运能力分析、偿债能力分析、盈利能力分析与发展能力分析。

2）从业经验。对承包商的从业经验的考察，建立在该承包商擅长建筑的项目类别、规模大小、从业时间长短、跨地域施工的经验和该承包商及所属管理人员的受教育程度等诸多因素上。通常，一个承包商擅长于某一类（或几类）特定类别的工程，这是因为特定类别的工程具有特定的标准和要求，另外彼此的施工方法、技术也有所不同，由此带来行业内更为细致的分工。以前的良好成功经验为承包商通过审查并获得新的合同具有积极的作用，而缺乏经验往往使从业时间较短者难以获得合同。

3）组织结构。承包商组织结构的优劣也是审查内容之一。以下四个因素是常常要认真考虑的：

①该公司是否人员臃肿？

②该公司是否缺乏足够人员？

③该公司是否在均衡发展？

④该公司是否运作良好？

4）管理能力。一个各方面发展较均衡的承包商，通常指派可靠的、有经验的项目经理或项目工程师到每一个工地现场指导和管理该项目的施工。若管理人员因缺乏经验和疏忽致使管理失误，出现工程质量问题或劳动力和设备闲置，就会造成财务损失甚至更严重的后果。在美国有许多一度很成功的承包商由于忽视管理监督或安排一些没有经验的人员管理工作而导致工程失败。因此，项目经理、项目工程师的派遣和项目经理、项目工程师的能力如何，直接决定着承包商的成功与否。

5）在建施工的项目数量。有些承包商常常同时进行多个项目的施工。人员不足是经常遇到的问题。一个承包商如果同时施工多个项目，那么他在某个工程中使用经验不足的管理人员和工人的可能性大大增加。此时，对承包商同时施工的项目数量的调查成为不可缺少的。一旦项目数量超出承负能力，履约的风险就会大大提高。

6）施工的地域。如同其他因素一样，拟建项目的地理位置也在审查之列。有些承包商可以在世界各地承揽工程，而另一些则只适合做当地的工程。远涉外地的承包商，需要对当地的工人素质状况、材料供应状况、气候和地方法规了如指掌。被保证人是否适合外域施工？外域施工的经验是否丰富？此次外域工程施工准备情况如何？保证人要弄清该履约保证的风险，就要对这些情况作出细致的分析。

7）核算能力。承包商在投标之前，要对该项目的成本进行详细的预算。承包商或预算师应对施工方法、构造细节、所需设备、材料供应以及拟订的工程进度了如指掌。投标价格的准确性如何，不仅关系到承包商自身的利益，还直接影响保证方的赢利与否。

为了降低标价风险，保证人常常将被保证人的标价和其他承包商的投标标价相比较，尤其是和那些有资格的、积极争取中标的承包商的标价相比较，通过多方面比较，来判断被保证人的标价是否合理。因此，竞标者名单和他们的标价对保证人来说就是不可缺少的。当招标不是公开进行时，可以从其他承包商那里得到投标这项工程的标价，如果标价比较接近，尤其是与前三家投标者的价格比较后，价格的成本计算就是精确的、合理的。

8）业绩和履约记录。被保证人的业绩和履约记录也是资信审查中的重要内容。一个有良好业绩和信用记录发展持续稳定的承包商，较之信用记录不佳、发展不稳定的承包商，履约风险就要小得多。对于没有履约记录的初涉建筑业的新承包商来讲，风险更是多方面的。要接受新承包商的投保，必然要对其管理能力、人员情况、公司结构、财务状况、投标能力等方面进行更为严格细致的审查。与此同时，还要提高担保费率来加强对信用风险的控制。

通过对上述方面的资信审查，可以使保证人比较客观、全面地评价承包商的履约能力和偿付债务的能力。发现的不足之处，可以表明其潜在的风险。担保人根据资信审查的结果，可以作出拒绝承保、提高反担保要求、加强风险控制措施等决定，由此避免或减少工程担保的风险。总之，资信审查是工程担保风险控制的第一道关口。

122. 保后监管的实施

保后监管是指在担保公司承保后，对被保证人整体施工情况及其经营状况、主要管理人员的变化、财务状况、工人工资支付情况、工程完成情况及施工质量进行跟踪，及时评介担保项目的风险程度，及时发现、解决问题，消除潜在违约风险。

保后监管可以通过多种形式定期或不定期进行：①要求被保证人提交当期财务报表；②通过电话、传真向被保证人、受益人询问工程进展情况，查询是否按主合同约定施工；③参加重要的工程施工例会和工程阶段性验收；④进行有专业工程技术人员参加的工程现场巡视检查，并重点与受益人、监理方进行约谈，了解工程施工中存在的各种潜在风险与问题。

123. 工程担保的风险准备金计提

风险准备金包括责任准备金和一般风险准备金。责任准备金是为保证担保公司的偿付能力，从保费收入中提取的履行保证责任的损失准备，它直接关系到担保公司的偿付能力和公司经营的稳定性。一般风险准备金是担保公司应该按照税后利润的一定比例提取的用于弥补经营亏损的准备，不得用于分配和转增资本。风险准备金的种类及其提取的方式和比例一般由法律作出规定，也就是说风险准备金的提取是强制性的要求。目前，并没有专门的法规或文件对工程担保的风险准备金作出规定。可以作为参考的是，国家财政部2001年发布的《中小企业融资担保机构风险管理暂行办法》（财金［2001］77号）第13条规定："担保机构应按当年担保费的50%提取未到期责任准备金；按不超过当年年末担保责任余额1%的比例以及所得税后利润的一定比例提取风险准备金，用于担保赔付。风险准备金累计达到担保责任余额的10%后，实行差额提取。”国家财政部2005年11月发布（2006年1月1日正式实施）的《担保企业会计核算办法》遵照“谨慎性”会计原则，制定了资产减值准备、担保赔偿准备、未到期责任准备、一般风险准备等项目。另外，银监会、发改委、工信部、财政部、商务部、中国人民银行、国家工商行政管理总局2010年3月8日发布的《融资性担保公司管理暂行办法》第31条对融资性担保机构风险准备金的计提作出了规定：“融资性担保公司应当按照当年担保费收入的50%提取未到期责任准备金，并按不低于当年年末担保责任余额1%的比例提取担保赔偿准备金。担保赔偿准备金累计达到当年担保责任余额10%的，实行差额提取。差额提取办法和担保赔偿准备金的使用管理办法由监管部门另行制定。”

124. 工程担保的损失追偿及其作用

工程担保的损失追偿是指担保机构因承担保证责任发生实际损失后，向被保证人追偿债务。追偿的方式包括发出索赔通知、实现反担保的权利、提出诉讼或仲裁。索赔金额包括担保机构代偿的本金、利息、罚息、违约金、赔偿金以及为实现《委托保证担保合同》所载明的权利而支付的全部费用。

损失追偿的作用在于：①确保担保公司在代偿后能够有效弥补损失，维持自身的正常运营；②依法使最终责任人承担法律责任，增加被保证人的违约成本，避免或减少违约风险的发生。

125. 设置工程担保的反担保措施的必要性及其实施

设置工程担保的反担保措施的必要性在于：

1）反担保是维护担保人的利益、保障其将来可能发生的追偿权顺利实现的有效措施，这是最直接的作用。

2）反担保有助于担保关系的设立。担保机构在为债务人向债权人提供担保时，对其承担担保责任后追偿权能否实现怀有疑虑的情况下，往往会要求债务人提供反担保。这时，有无反担保措施，直接影响到本担保的设定。

反担保的设定，为债权债务关系及担保关系又增加了若干链条与环节，使得有关当事人之间的关系更为复杂，但这是现实经济生活的客观需要在法律上的反映。

经常使用的反担保措施有以下几种：

1）信用反担保。由第三方承诺承担连带责任的保证，一般是担保委托人的关联企业、合作伙伴等。实际业务中，担保机构对第三方反担保人的资信将进行严格的审核，决定是否接受该第三方的信用反担保。

2）抵押。

①不动产抵押。实际业务中，如果接受房地产产权抵押为反担保措施，在双方指定的评估机构评估该房地产价值后，一般打五折以上为其抵押价值。

②生产工具抵押。工厂的机器设备，由于其用途及专业化情况，很难有变现性。新的进口的通用设备，银行在价值上打折后，可能会接受1~2年期的抵押。担保公司面对的可用于抵押的机器设备，可以说拆掉后出了工厂大门就是废铁。我们在实际业务中，对这

类反担保措施，不是重点考虑可否变现，有无价值，而是注重它是否是工厂生产的“生命线”。如果企业不还贷，我们代偿后处置其“生命线”，对企业意味着“死亡”，尽管处置的结果是我们手头上一堆废铁。实际上，这样的反担保措施是对企业的一种心理压力，促使其想办法履约。

3）权利质押。经常用于质押的权利包括被保证人股东或第三方的股权、收费权、应收账款等。此外，按照担保金额收取一定比例的保证金也是常用的反担保措施。

反担保措施的采用也是随着环境、条件等诸多因素的变化而改变的。不断开拓和采用新的，适合市场环境的反担保方式方法，是开展工程担保业务需要着重解决的一个问题。

126. 工程担保与信用之间的关系

在市场经济环境下，信用是所有企业在市场经济中真实而可靠的通行证。工程担保的主要方式是《担保法》中所规定的保证方式，该保证的作用在于为风险难于识别或者资信不足的工程建设发包人或承包人提升信用，促进工程建设合同的签订和履行。担保机构依靠自身的信用向受益人出具担保函，同时也面临着来自被保证人的信用风险。因此在工程担保中担保机构和被保证人的信用问题是关键的问题，工程担保全过程的措施、程序、制度性安排都是围绕信用问题展开的。

据统计，在市场经济国家，BB级至AA级之间的风险溢价为5～3.5个百分点，如果企业原有信用为BB级，通过AA级担保机构的担保，BB级至AA级之间的风险溢价就是担保机构的贡献。担保机构在工程担保的责任链条中处于中心环节，因此担保机构的信用问题是工程担保的核心问题。担保机构信用等级高，其担保可以获得各方面的认可，容易取得更多的担保业务。由于担保机构的信用等级是其业务开展的基础，国内外专业担保机构在开展业务之初往往会寻求资信评估机构的评级，作为其开展业务与定价的基本依据。

127. 信用体系建设与工程担保之间的关系

工程担保信用体系是记录、评价、披露工程担保主体信用情况的信息系统。信用体系建设是工程担保制度推行所不可缺少的一项配套工程，信用体系建设可以解决工程担保市场信息不对称的问题，可以有效地促进工程担保的交易活动，加强对工程担保主体行为的监管和规范。因此信息系统建设是工程担保制度顺利推行的一种保障，并可以有效地促进工程担保功能和目的实现。同时，工程担保制度的推行也会促进相关信用体系的建设，提高社会信用意识和信用管理水平。

目前，工程担保业信用体系还处于初建过程中，还不够成熟，这无疑限制了该行业的发展。因此，在推行工程担保制度过程中尽快建立和完善工程担保信用体系，是一项紧迫且非常重要的工作。与工程担保相关的信用体系建设主要包括工程担保信用信息系统的建设和担保机构信用评级系统的建设以及对相关信息的披露和使用。

工程担保信用信息系统根据其功能的需要至少应包括两个子系统，即担保当事人的信用信息系统和担保信息的统计分析系统。

信用信息系统应包括担保当事人（包括担保机构、建设单位、施工单位和相关中介机构）的资产信息、资质信息、评级信息、组织机构和人员信息、从业备案信息、业绩信息、不良行为信息、处罚信息、市场退出信息等。信用信息系统可以支持建设行政主管

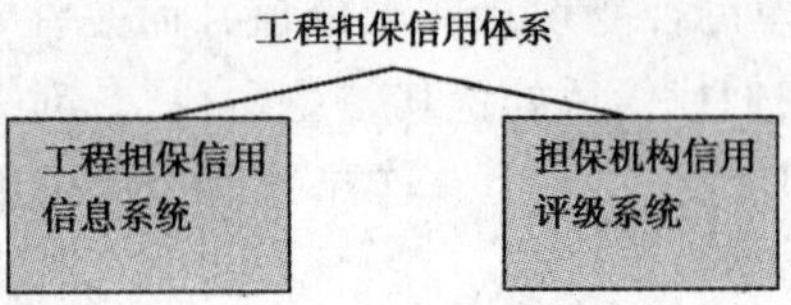

图4-3 工程担保信用体系示意图

部门、行业自律组织对工程担保市场的准入、合规经营、处罚、退出等事项进行监管。其对外查询的功能可以消除担保当事人之间信息不对称所造成的过高的交易成本和道德风险，也有利于发挥市场优胜劣汰的调节机制。

统计分析系统应包括担保机构的年度总保额（包括融资担保、工程担保、其他担保）、当前担保余额（包括融资担保、工程担保、其他担保）、再担保分出额、年度保函数量（应分品种统计）、有效期内的保函、风险准备金、已赔付金额、已发生未赔付金额等信息，并应用适当的统计分析方法进行处理。统计分析系统可以支持建设行政主管部门、行业自律组织对工程担保市场风险的监管，特别是对担保机构的担保余额、偿付能力和风险状况进行科学、有效的跟踪、分析和监管。

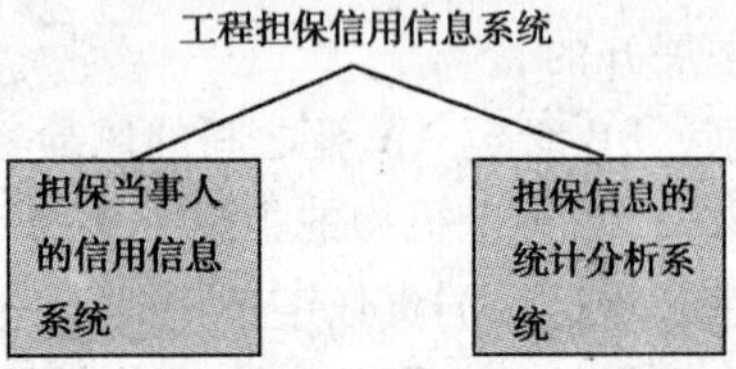

图4-4 工程担保信用系统

建设行政主管部门已经发布了《关于加快推进建筑市场信用体系建设工作的意见》、《建筑市场诚信行为信息管理试行办法》和《全国建筑市场责任主体不良行为记录基本标准》等有关规定，从中央到地方正在加快建筑市场信用体系建设，这为工程担保当事人信用信息系统的建设提供了良好的平台，只要在建筑市场信用体系中加入担保机构的信用信息，系统就会初步形成和使用。另外，一些地方如厦门、深圳、北京、天津的建设工程交易中心已经进行了一段时间的工程保函的集中保管工作，并建立了担保余额、保函有效期等信息的计算机处理程序，初步实现了对各担保机构担保余额和续保事项的监管。这为工程担保信息系统的统计分析系统建设打下了良好的基础。

工程担保机构信用评级系统的建设目前已在天津、北京等地区进行，取得了一定的经验和成果。工程担保机构信用评级是由符合资质条件的信用评级机构根据专门的工程担保机构信用评级规则和标准作出的。

发挥工程担保信用体系功能的一个重要方面就是信息披露。从监管部门和行业自律组织的角度来说，信息披露就是一种监管的方式，通过披露达到扬善抑恶的目的，建立市场的信用观念。从市场主体的角度来说，信息披露是解决信息不对称的有效途径。信息披露的方式可以包括向市场主体乃至向社会开放的信息通报和查询服务。

128. 在从事工程担保之前对担保机构进行信用评价的必要性

担保机构处于工程担保活动的核心地位，之所以需要引入担保，就在于合同当事人一方或双方的资信还不足以保证其合同义务的履行，引入担保一方面提升了当事人的信用等级，另一方面也提供了损失补偿的保障。由于担保机构专门提供保证产品，致使风险在担保机构的整个经营期间都高度集中，因此要求担保机构在整个经营期间始终具有足够的代位履行债务能力。为了保障市场的正常交易秩序和担保受益人的利益，必然对担保机构提出较高的诚信度、资本规模、偿付能力、控制风险的技术能力以及持续经营的要求，不能按照一般竞争性市场规则，允许担保人只凭自身的意愿自由进出行业。否则，正常的市场秩序和受益人的利益将无从得到保护。因此在从事工程担保之前对担保人进行信用评价是对担保机构监管的一项重要的内容，担保机构在其信用评价达到既定的标准后，才能够获得从事工程担保业务的资质。

目前在我国，担保机构的信用评价主要是由符合资质要求的信用评级机构作出的。信用评级机构的基本作用是揭示担保机构的风险，将担保机构的信用状况公之于众，让相关人员和监管部门快速、方便地得到客观、公正的信用信息，利用信用评级结果。信用评级可为信用良好的担保机构提供客观、公正的信用证明，使其更好地与有关机构合作，扩大业务能力，提高知名度和影响力。担保机构信用评级除了给被评担保机构一个信用等级外，还要给出一个比较完整的信用评级报告，对有关部门关心的问题，如业务发展策略、发展状况、担保业务风险控制与实际风险状况、资金的来源与运用状况等进行比较详细的分析。目前，担保机构信用评级结果已成为监管部门业务监督、效绩考核、风险预警与政策扶持的重要参考依据。同时，银行已将信用评级机构的评级结果作为选择合作担保机构、确定业务合作方式与合作规模的参考依据；信用担保机构之间开展分保、再担保等业务，也已把对方的信用等级作为重要的参考依据。

近年来，国家有关部门已发布了多项政策推动担保机构信用评级工作，如国办发［2006］90 号文就明确提出："要建立健全担保机构信用评级制度，督促担保机构到有资质的评级机构进行信用评级，并将信用等级向社会公布"；中国人民银行银发［2006］257 号文要求各金融机构要"组织合格的评级机构开展对担保机构的信用评级，对其代偿能力进行评价，帮助商业银行防范信用风险"。

129. 担保机构信用评价的内容和方法

工程担保机构的担保能力主要体现在担保风险控制能力，包括担保风险的认知、担保风险管理原则与政策、担保业务风险控制方法和担保风险管理水平等方面；担保代偿的现金支付能力，包括通过自身经营所产生的内生代偿能力与外部对工程担保机构的资信能力评价，就是综合评价工程担保机构在一定经营期限内所负各种或有债务和现实债务的自主代偿（偿债）能力和偿还意愿。工程担保机构的代偿能力与担保机构在担保市场上的竞争能力有关，与担保机构的实际担保能力有关，并且与担保机构的外部环境因素有关。其中，担保机构的竞争能力主要体现在自身的基础素质，包括机构的经营历史与经营规模、股东背景、人员素质、管理素质、资产质量等方面；与合作单位之间的关系，包括银行认可度、建设主管部门认可情况；机构的发展潜质，包括发展规划与业务创新等。而担保机构的外部环境因素包括行业环境（行业政策、经济环境、行业发展状况），以及外部支持情况（政府支持、股东支持、关联方支持等）。

对工程担保机构资信能力评价方法主要包括：

1）定性分析与定量分析相结合。工程担保机构的资信能力是工程担保机构的风险控制能力、风险代偿能力、风险追偿能力与担保风险的分散能力等各方面因素的综合结果，其中既有多方面的定性因素，也包括多方面的定量因素。资信能力评价采用定性分析与定量分析相结合的方法，综合分析工程担保机构资信状况。

2）个体评价与支持评价相结合。工程担保机构资信能力评价的核心是个体的资信质量分析，即从深层次考察工程担保机构的担保代偿能力与担保代偿意愿。但是，工程担保机构的个体能力与外部相关方面支持程度相关联。支持评价则主要衡量工程担保机构能够从外部得到的支持保障程度。强有力的外部支持可以弥补工程担保机构自身人力、物力与财务实力的不足，因此，外部偿债保障因素对资信等级的最终确定有着非常重要的影响。

3）静态分析与动态分析相结合。在工程担保机构资信评级中，对当前反映工程担保机构资信状况的各因素作出深入分析，揭示其现实的资信状况；同时利用采集的历史资料，分析其资信的变化，是向好的，还是下降的；并且分析工程担保机构及其经营环境的未来可能变化情况，预测未来工程担保机构担保能力变化情况，将静态分析与动态分析相结合，全面揭示企业的资信风险。

4）微观分析与宏观分析相结合。工程担保机构的资信等级决定于其自身的经营状况，同时又与担保行业、建工行业、地区及宏观经济环境有着密切的关系。在工程担保机构资信评级中，将微观分析与宏观分析相结合，即将工程担保机构自身的代偿能力分析与所处的行业、地区及宏观经济环境分析相结合，从整体上评估工程担保机构的资信等级。

对担保机构的信用评价体系如图4-5所示：对经营环境、竞争能力、管理风险、担保业务风险管理、担保组合信用质量、财务实力（包括投资风险管理、流动性管理、盈利能力、资本充足性等）等进行分析，最后综合评价担保机构的担保代偿能力与意愿。

担保机构信用等级的有效期限为一年，有效期届满需重新评级。

担保机构信用等级的设置采用三等九级，符号表示为：AAA、AA、A、BBB、BB、B、CCC、CC、C。除CCC级（含CCC级）以下等级外，每一个信用等级可用“+”、“-”符号进行微调，表示略高或略低于本等级，但不包括AAA+。担保机构信用等级符号及其含义如下：

AAA级：代偿能力最强，绩效管理和风险管理能力极强，风险最小；

AA级：代偿能力很强，绩效管理和风险管理能力很强，风险很小；

A级：代偿能力较强，绩效管理和风险管理能力较强，尽管有时会受经营环境和其他内外部条件变化的影响，但是风险小；

BBB级：有一定的代偿能力，绩效管理和风险管理能力一般，易受经营环境和其他内外部条件变化的影响，风险较小；

BB级：代偿能力较弱，绩效管理和风险管理能力较弱，有一定风险；

B级：代偿能力较差，绩效管理和风险管理能力弱，有较大风险；

CCC级：代偿能力很差，在经营、管理、抵御风险等方面存在问题，有很大风险；

CC级：代偿能力极差，在经营、管理、抵御风险等方面存有严重问题，风险极大；

C级：濒临破产，没有代偿债务能力。

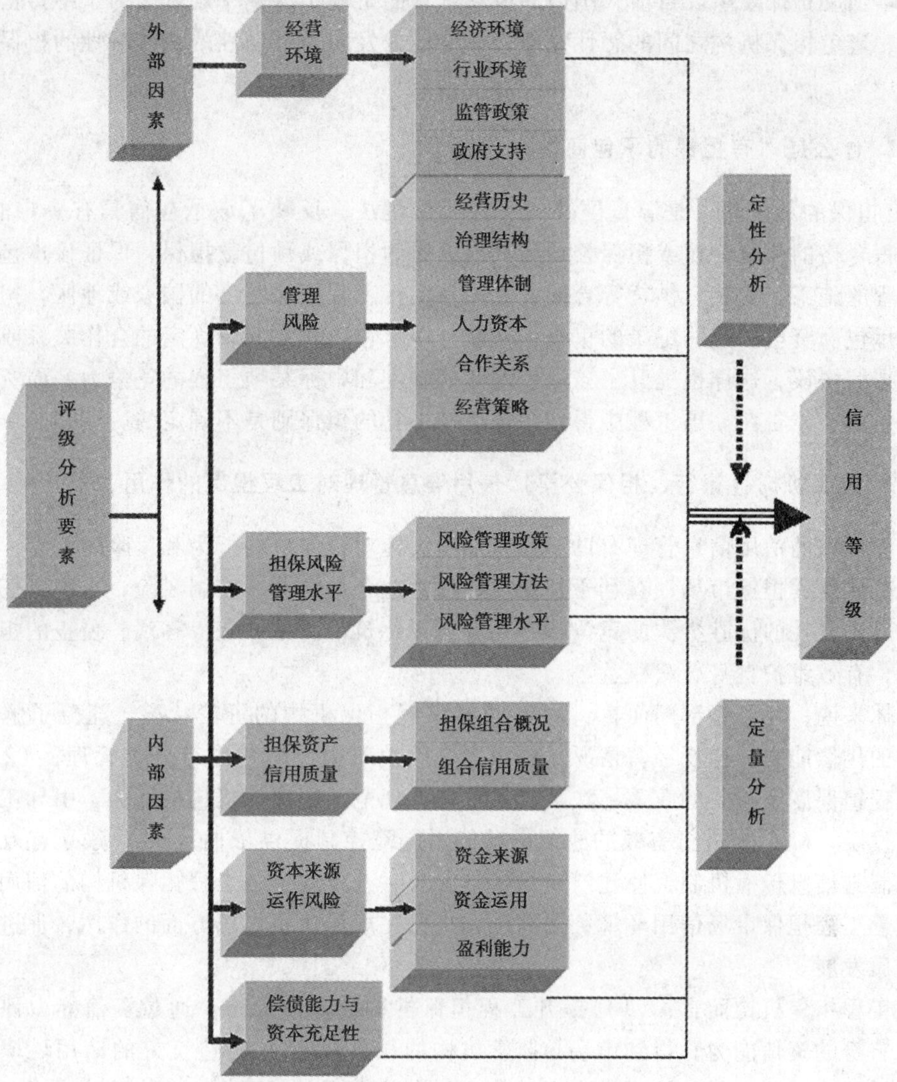

图 4－5　担保机构评级体系框架图

130. 信用评价与担保费用之间的关系

担保费用即担保机构因出具保函向被保证人收取的费用。一般情况下，担保费 = 担保金额 × 年度费率 × 担保年限。在担保金额和担保年限确定的情况下，担保费率就成为决定担保费高低的唯一因素。影响担保费率的因素是多方面的，如当地的担保费率标准、担保机构的成本和赔付率、担保品种（付款担保的费率往往高于履约担保）、担保金额（一般来说担保金额高担保费率相对低一些）、项目风险的大小、担保机构对被保证人的信用评价等等。信用评价是影响担保费率的一个非常重要的因素。信用评价主要包括核查被保证人的资质等级、经营情况、财务情况、以往业绩、现有未执行诉讼案件等，并综合评判该企业的履约能力。若信用评价的结果较差，表明被保证人违约风险较高，若承保该项目，担保机构会承受较高的赔付风险和付出减低风险的成本。因此，担保机构会相应提高担保费率或增加反担保要求。目前，国内并没有统一的工程担保费率规制。为了维持正常的市场秩序，避免担保机构之间的恶性竞争，一些地方发布了强制性的或参考性的担保费率标准。

131. 什么是“有担保的承包商”

“有担保的承包商”是源自国外的一种习惯说法，反映了该承包商具有一定的资信，可以取得合格的保险公司或担保公司为其出具履约担保或预付款担保，保证该承包商履行某项工程的施工、安装、供货等合同义务。在实行工程担保制度的国家或地区，担保机构通过对承包商资信、履约纪录的审查，往往与该承包商建立起较稳定的合作关系或签订较长期的授信协议，这样也提升了该承包商的信誉度和中标某项工程的竞争力。而资信不够好的承包商，能否在一项工程中得到担保机构出具的担保则是不确定的。

132. 担保机构（银行、担保公司）信用信息管理对工程担保的作用

担保机构的信用信息管理有助于监管部门实施对担保机构行为和风险的监管，建立有序、规范的工程担保市场；有利于担保机构自觉地合规经营，控制风险，承担责任，使担保机构进入良性的优胜劣汰的竞争状态；有利于建筑市场主体获得客观、公正的担保机构的信息，有效维护自身合法权益。

具体来说，对监管部门而言：(1) 及时掌握担保机构的资信状况，充分了解工程担保机构的代偿能力、合规经营情况，可以更有效地对担保机构进行分类管理；(2) 为制定与工程担保制度相关的政策、法规提供依据，规范工程担保机构的行为，引导工程担保的健康发展；(3) 为进行有效的建筑市场信用风险控制提供依据；(4) 建立有效的信息发布机制与信息传播机制，使建筑市场参与者及时有效地了解工程担保机构的信用风险信息，改善工程担保市场信用环境，提高工程担保在规范建筑市场方面的作用，促进建筑市场的健康发展。

对工程担保机构而言：(1) 提升工程担保机构的资信能力。通过资信能力评价，可以展示自身的资信能力，得到市场与监管机构的认可。(2) 打造良好的信用环境。资信能力评价可为工程担保机构提供客观、公正的资信证明，揭示各工程担保机构信用能力，使信用良好的担保机构提高知名度和影响力，承担更多地区的工程担保业务，而信用等级低的担保机构逐步被市场淘汰，提高市场的信用水平。(3) 提高风险控制能力。通过资信评级机构的分析和判断，担保机构可对自身内控制度和风险管理水平作出更好的评判，进一步完善内控制度，健全风险管理，提高风险控制能力。

对建筑市场主体而言，通过资信评级机构的评级结果全面了解工程担保机构的资信状况，避免由于信息不对称而遭受损失，并且可以借助工程担保机构风险控制能力降低自身风险。

第 5 章　工程担保的市场监管

133. 政府在工程担保中的地位和作用

工程担保在我国起步较晚，工程担保的市场主体尚处于初步发育阶段，工程担保市场的行为与规范要求尚有较大距离，在这个特定时期政府运用行政强制手段主导和监管就成为市场的必然选择，政府此时不但需要承担制度设计的行政主导角色，同时更需要逐步完善和培育符合市场经济运行规则的工程担保市场体系。

政府的作用首先是建立规章制度，规范工程担保市场主体和市场行为；其次是在既有的建筑施工领域引进新的市场主体——合规的保证人，主导建立信用监管系统，参考商业银行的信用监管体系，引进“资本充足率”、“风险准备金”、“拨备覆盖率”等信用监管工具和措施，为逐步提高行业整体信用积累、监管必要的抗风险资金，同时为逐步建立保证人退出机制打下基础；其后是建立担保业务操作管理办法，对市场主体和行为进行制度化的监管；最后是在市场运行基本可行的条件下逐步强化：①合规保证人的筛选和培育；②市场化的工程担保运行规则；③根据法律法规监管和制裁非法的市场行为。

134. 行业协会在工程担保中的地位和作用

工程担保市场建立至今有些地方成立了以担保机构为主体的行业协会，或实际运行了类似行业协会的担保机构自律组织，这些组织是主管部门的助手和政策执行人，在目前的阶段应该致力于担保行业发展，特别是从担保机构信用建设的角度开展工作。

首先是配合主管部门建立公平公正的保证人信用监管体系，受托监管“资本充足率”、“风险准备金”等必要的抗风险资金，为担保行业整体信用的建立和积累令市场放心的信用基础；其次是服务于组织成员，为其提供统一、规范的操作规程以及相关培训，与主管部门协作提供政策解读、市场分析、风险预警等行业信息，提高行业成员的风险控制能力；再次是制定行业自律公约，并按照公约的要求规范行业成员的市场行为，一方面为工程担保主管部门分担部分行业监管工作，另一方面为进行行业成员信用评价提供行为数据。

135. 工程担保的市场进入管理机制（市场准入条件）

工程担保市场需要合规的保证人，常见的有银行和专业担保机构，一般认为银行具有极大的社会信用，无须繁琐地甄别、筛选。而专业担保机构数量庞大，良莠不齐，如果没有必要的市场准入机制，将会产生“劣币驱逐良币”的后果。试点情况表明工程担保市场需要建立强有力的市场准入机制。

筛选合规的专业担保机构应该着重考察担保机构的担保实力、担保能力、续存能力、信用积累和外部评价。

1）担保实力主要指担保机构的高流动性资产储备，这个可以从注册资本、高流动性资产占比、拨备覆盖率等财务指标得出结论。

2）担保能力主要指风险管理制度的完备性和制度执行人的可靠性，这个通过考察担保机构的制度、流程建立情况来确认，常见的有《担保业务管理办法》、《融资担保业务操作流程》、《工程担保操作手册》、《担保业务分类评分办法》、《担保业务尽职调查手册》、《保后监管办法》、《内部审计工作准则》、《资产保全管理办法》、《责任追究制度》、《档案管理办法》、《项目评审实施办法》等一系列风险管理制度和操作办法，并配套建立《公章管理办法》、《档案管理办法》、《岗位职责说明书》、《报酬与绩效考核实施细则》、《准备金计提管理办法》等业务管理办法和奖惩制度。同时，合规的担保机构应该具有合理的部门设置，从业务流程上确保相互监督，避免道德风险。以及合理的岗位设置，确保工程、信贷或审计、法律、财务人才的完备。

3）续存能力主要指担保机构以往经营业绩、资产积累和风险准备金计提管理情况，特别是考察其以往风险代偿情况和风险处置情况，如果出现过高的代偿、风险处置回收率很低或者风险准备无法覆盖不良资产说明其经营情况恶化，抗风险能力显著降低。

4）信用积累主要指担保机构获取合作伙伴授予信用规模的大小和能力，便于考察的是担保机构获得银行融资担保的授信规模、品种的大小，一般认为能够获得较大银行授信额度和较多授信品种的担保机构其实力较为可靠。

5）针对上述准入条件可以引入金融评信、专项审计等外部评判机制，委托其对担保机构的整体情况、专项情况进行第三方审核、评价，为准入筛选提供较为可靠的依据。

担保机构的有效运作依赖于一批合格的人才，从业人员素质往往决定了担保机构的素质，因而建立工程担保从业人员资格考核、备案制度是对工程担保制度的补充，也从一个侧面为工程担保制度的有效执行提供了保障。

136. 工程担保的市场竞争机制

工程担保市场理想的竞争机制应该导致保证人为信用良好、实力强大的被担保人提供成本低廉、手续简便的担保，反之则难以获得保证人的信用担保，从而利用保证人的市场手段增加不良企业的交易成本，迫使其遵守市场规则或者被市场淘汰。

从试点情况看，目前阶段尚难以达成上述目的，但引进专业担保机构后确实为市场提供了较多的选择，同时由于专业担保机构与银行之间、专业担保机构之间、银行与银行之间竞争的加剧，在一定程度上降低了被担保人的交易成本，一些试点城市的银行为企业提供银行保函的服务质量显著提高，成本也降低不少，并且这一趋势还在发展当中。

137. 工程担保机构的监管

对于工程担保市场上的保证人应有两个层次的监管，一个是保证人自身信用的监管，另一个是保证人担保行为的监管，监管的主体应该以行业协会或自律组织为主，建设主管部门参与指导、把握方向。

对于专业担保机构准入工程担保市场后，需要持续观察其经营情况、风险拨备情况和信用积累，如果出现经营困难、大额代偿或其他重大不良事项时应及时暂停其担保资格，直至问题妥善解决。

对于担保行为的监管需要有一个统一的工程担保行为规范，如《工程担保操作规程》，行业协会或自律组织以操作规程为依据，对工程担保机构在实际业务开展中风险管理制度、流程执行情况，外部监管制度、规章的执行情况，法律要件的使用情况，客户保证金的管理情况，对外担保额度使用情况等方面进行考评和检查，及时纠正不良行为。

138. 工程担保机构的市场退出机制

工程担保市场是长期续存的一种制度安排，期间必然有担保机构由于主动或被动的原因退出工程担保市场，一般认为担保机构主动退出时可以通过停止新项目承保，逐步降低在保余额的方式和缓地退出市场；基于担保行为的杠杆属性和风险滞后性，当担保机构出现破产等原因被迫退出工程担保市场时，则有可能引起在保项目担保落空，客户保证金退出渠道阻滞等严重后果，因此必须设计一个市场退出机制有效遏止上述不良后果的发生、发酵。

但对于杠杆属性显著的行业也未见哪个国家建立了较为妥善的市场退出机制，如金融风暴中艰难度日的各国银行业最终也都依赖各国政府出手解决问题，目前对这个问题的研究和实践较少，以下只能提出一些方向供参考、讨论。一是建立风险准备金计提和监管制度，为退出时提供可以滞后支付或有负债的资金，这里需要解决一个风险准备金不能被善意第三人采取法律措施的棘手问题；二是建立再担保机构，为退市机构中断的担保行为、客户保证金退出提供后续服务，再担保机构可以由行业协会组织行业成员共同组建，也可以由第三方组建；三可以尝试由行业协会组织行业成员建立以解决退市问题为目的的再担保基金。

另外需要提出的问题是，客户保证金在担保机构非正常退出时也存在被其他善意债权人采取法律措施，如查封、冻结甚至强制执行等问题，为此应该明确该资金的法律地位和使用方式，如银行作为债权人可以冻结该笔债权的客户保证金对抗善意第三人采取法律措施。

139. 工程担保市场信息披露机制

基于工程担保保证人承保客户众多，风险敞口较大，相对的社会责任也较大，应有必要信息披露制度。信息披露的对象以建设主管部门、行业协会或自律组织为主，为预警和防范风险以及行业监管提供数据。

信息披露的范围应包括：对外担保情况、风险拨备情况、代偿情况、清收情况等主要风险管理数据，非工程担保类的对外担保也需要披露，特别是融资担保类情况；公司财务基本状况；公司经营基本情况；公司骨干人员的变化情况；公司注册变更情况等信息。

140. 银行专户监管的必要性和方式

工程担保保证金是保证人向承保客户收取的抗风险资金，逐笔对应于承保而形成的或有负债，保证金的收取一定程度上降低了保证人的风险敞口，提高了保证人的抗风险能力，同时，通过市场对保证金收取比例的差异化管理，直接提高了信用基础薄弱企业的交易成本，反之降低了信用良好企业的成本，以市场之手引导、调节企业注重信用、积累信用。

但工程担保保证金流入保证人后，可直接诱发其投资冲动，挪用几乎成为必然，其后果无须赘述。引入银行保证金专户制度并公之于众，是保护被保证人利益的有力措施，同时由主管部门以三方契约的形式，直接委托合规的银行对保证金专户实施监管，工程担保保证人通过三方契约让渡该账户控制权，从而确保账户内资金不被挪用，确保顺畅返还履约完毕的客户保证金。

141. 撤保、骗保等不规范行为的防范和治理

工程担保实践中担保的受益人和被担保人也有存在违规的某种动机。例如，视工程担保为无用功，甲乙双方在办妥必要手续后串通撤保以降低支出、减少成本，而担保人则出于规避风险、维护客户等考虑，宁可减少部分收益配合当事人提前撤保。针对这类行为首先需要在规章制度中明确其非法，迫使担保人必须按法规执行担保责任；其次是加强保函、委托担保合同的备案管理，从实践中提高违规解保的成本；但最终解决串通解保还是应该依靠担保行为自身所能带来的实际保障效果，让甲乙双方依据自身的利益保障需求主动承保。

工程担保实践中也有一些不法之徒利用工程担保制度或文件中的疏漏，采取欺诈手段骗取保证人的赔偿，这是典型的欺诈行为，防范这类问题要从制度的规范性和文件的严谨性入手在源头堵住漏洞；担保机构在具体索赔案例发生时应严格执行代偿管理流程，包括对索赔原因和事实进行凭证审核、实地核实、向管理机关核实、向相关监管机构核实，同时书面告知甲乙双方代偿后的法律关系、利害关系等程序，避免被不法之徒欺诈，一经发现有欺诈行为就应采取严厉的法律措施让欺诈者付出高昂代价。

第 6 章　工程担保的相关法律法规

142. 目前我国关于工程担保有哪些法律法规？

我国目前达到法律层面的工程担保的依据是《担保法》、《物权法》、《合同法》、《招标投标法》及其相应的司法解释，除此以外还有部门规章制度、部门文件及地方规定。

(1) 担保法

《担保法》第 1 条明确了立法的宗旨是为“促进资金融通和商品流通”。担保立法主要在于资金和商品流通担保为主的担保行为，一共规定了保证、抵押、质押、留置、定金五种担保形式，但没有对工程类担保作出明确规定。《〈担保法〉司法解释》第 13 条从如何承担保证责任的角度间接规定了包括工程担保在内的“代为履行非金钱债务”类的担保方式在法律上的效力。

(2)《物权法》

《物权法》第 180 条“债务人或者第三人有权处分的下列财产可以抵押：（一）建筑物和其他土地附着物；（二）建设用地使用权；（三）以招标、拍卖、公开协商等方式取得的荒地等土地承包经营权；（四）生产设备、原材料、半成品、产品；（五）正在建造的建筑物、船舶、航空器；（六）交通运输工具；（七）法律、行政法规未禁止抵押的其他财产。抵押人可以将前款所列财产一并抵押。”明确了在建工程可以进行抵押。同时规定抵押权必须登记，自登记日起生效。这与《担保法》的规定基本一致。

(3) 招标投标法

《招标投标法》第 46 条规定：“招标文件要求中标人提供履约保证金的，中标人应当提交。”提出了履约保证金的概念。第 60 条规定：“中标人不履行与招标人订立的合同的，履约保证金不予退还，给招标人造成的损失超过履约保证金金额的，还应当对超过部分予以赔偿。”《招标投标法》这部法律中提及的担保种类仅包括投标保证金和履约保证金两类，对其他工程担保品种未作涉及，且没有提及工程保证的形式。

(4) 合同法

《合同法》中与工程担保有关的规定是第 286 条：“发包人未按照约定支付价款的，承包人可以催告发包人在合理期限内支付价款。发包人逾期不支付价款的，除按照建设工程的性质不宜折价、拍卖的以外，承包人可以与发包人协议将该工程折价，也可以申请人民法院将该工程拍卖。承包人就该工程折价或者拍卖的价款优先受偿。”《最高人民法院关于建设工程价款优先受偿权问题的批复》法释【2002116 号】也只规定了 4 条。第 1 条“认定建筑工程的承包人的优先受偿权优于抵押权和其他债权”；第 2 条“消费者交付购买商品房的全部或者大部分款项后，承包人就该商品房享有的工程价款优先受偿权不得对抗买受人"；第3条"建设工程承包人行使优先权的期限为六个月，自建设工程竣工之日或者建设工程合同约定的竣工之日起计算"；第4条"建筑工程价款包括承包人为建设工程应当支付的工作人员报酬、材料款等实际支出的费用，不包括承包人因发包人违约所造成的损失"。《合同法》第286条规定了承包人工程款债权的优先受偿权，其立法目的是解决我国建设领域严重的工程款拖欠问题，但由于优先权行使的实质要件的限制以及没有可操作性程序保障制度，使得这一法律制度在遏制工程款的拖欠中表现出很多弊端，以致不能防范和难以有效化解工程款的拖欠，学术界对《合同法》第286条也颇有争议。

（5）部门规章

建设部89号令《房屋建筑和市政基础设施工程施工招标投标管理办法》第27条规定："招标人可以在招标文件中要求投标人提交投标担保。投标担保可以采取投标保函或者投标保证金的方式。投标保证金可以使用支票、银行汇票等，一般不得超过投标总价的2%，最高不得超过50万元。"第48条规定："招标文件要求中标人提交履约担保的，中标人应当提交。招标人应当同时向中标人提供工程款支付担保。"这两条规定明确了投标担保、履约担保和工程款支付担保，并提出投标担保可以采用投标保函、投标保证金，投标保证金可以是支票和银行汇票。七部委12号令《评标委员会和评标办法暂行规定》第25条提到投标担保，第40条、第52条提到投标保证金。2003年国家七部委联合下发的七部委30号令《工程建设项目施工招标投标办法》第37条提到银行保函，第50条出现投标保证金，第58条出现履约保证金，第62条出现其他形式的履约担保，第81条、82条、83条均出现履约保证金，并将担保品种扩大到投标担保、履约担保、工程款支付担保，并明确了投标担保的形式为现金、汇票、银行保函，但不包括担保公司担保书，同时规定履约担保的形式由招标人确定。

（6）部门文件

对工程担保作了较为全面系统规定的是建设部2004年8月6日发布的《关于在房地产开发项目中推行工程建设合同担保的若干规定（试行）》（137号文）。标志着我国开始正式实行建设工程担保制度。按照该规定，现在只要是投资1000万元以上的房地产项目就要进行工程担保，其他建设项目可参照执行。工程建设合同担保分为投标担保、业主工程款支付担保、承包商履约担保和承包商付款担保，其中，投标担保可以采用投标保证金或保证的方式，业主工程款支付担保、承包商履约担保和承包商付款担保应采用保证的方式。工程的担保人应是银行金融机构、专业担保公司。工程建设合同担保的担保费可计入工程总价、专业担保公司的担保额度等。但由于建设部的职权范围，该《规定》仅限于房地产开发项目（包括新建、改建、扩建的项目），其他建设项目参照执行。根据《立法法》的规定，我国的法律渊源包括宪法、法律、行政法规、行政规章、地方法规、地方规章等，国务院各部委颁布的规章属于正式的法律渊源。也就是说，该文件要想成为推行工程保证的法律层面上的依据，尚需要提升其效力等级，将其上升为部门规章。

（7）地方规定

深圳、北京、上海、厦门等城市相继出台了与工程担保有关的规定，例如，2001年12月20日，深圳市第三届人大常委会第12次会议通过《深圳经济特区建设工程施工招标投标条例》，规定一次发包工程造价在200万元人民币以上或一次发包工程造价在100万元人民币以上200万元人民币以下，但工程总造价在2000万元人民币以上的所有建设工程必须实行投标、履约、业主支付三个品种的建设工程合同保证担保。这是我国第一个以地方法规的形式出台的强制推行工程担保的规定。深圳市建委颁布的《深圳市建设工程担保实施办法》也于 2003 年 1 月 1 日起施行。总之，这些地方规定的性质，有的属于地方法规、有的属于地方规章，且大多属于政府文件，虽然对工程担保有较系统的规定，但大多缺乏法律强制力。

从上述的立法情况可以看出，我国开展工程担保的法律基础还非常薄弱。法律法规还很不完善，从整体上看，缺乏系统的法律法规体系和行之有效的科学运行机制，尤其是缺乏银行、担保公司、保险公司等金融机构作为担保法律关系主体介入工程担保的相关法律法规和风险规避机制的规定，缺乏对建设工程各方主体参与工程担保的具体措施和要求。

143.《合同法》第 286 条的法律性质

我国《合同法》第 286 条规定，发包人未按照约定支付价款的，承包人可以催告发包人在合理期限内支付价款。发包人逾期不支付的，除按照建设工程的性质不宜折价、拍卖的以外，承包人可以与发包人协议将该工程折价，也可以申请人民法院将该工程依法拍卖。建设工程的价款就该工程折价或者拍卖的价款优先受偿，对于该规定的法律性质，有人认为是工程留置权，也有人认为是优先受偿权或抵押权。

《合同法》第 286 条的规定不能认为是工程留置权。一方面，根据我国《担保法》，留置权只能成立于债务人的动产，而承包人完成的建设工程是一种不动产，原则上不能作为留置权的标的物；另一方面，留置权是债权人占有债务人财产的担保物权。在实践中，如果发包人在未支付结算价款的情况下，提前占有了竣工工程，承包人已不再占有标的物，留置权缺乏成立要件，承包人将无法行使留置权。目前，分歧主要集中在优先权说和法定抵押权说之争上。一方面，《担保法》规定的抵押是一种约定抵押权，不动产抵押以登记为生效要件，如果针对建设工程设立法定抵押权，则否定了抵押权登记生效制度。另一方面，在建设工程中，发包人往往已经为取得贷款设立了约定抵押权，贷款人的抵押权成立在先，若再为承包人设立法定抵押权，从所担保的债权性质上，承包人的法定抵押权优于贷款人的约定抵押权，两种抵押权必将发生直接冲突。结合最高院有关建设工程款优先受偿权的批复中，其绝对优先于抵押权的效力，因此将该项权利的性质界定为优先权更能保证其优先受偿性。

目前我国并无优先权的统一立法，而是针对不同权利的保护，分散在各种特别法中，因此将优先受偿权界定为优先权，不会产生法律冲突，最为合适。

144. 既已有优先受偿权，是否还要设立工程留置权

留置权是指债权人对已占有的债务人的动产，在债务未能如期获得清偿之前，留置该财产作为担保债权实现的一种权利。在国际上，工程留置是解决业主拖欠价款问题最为直接有效的担保形式。当业主拖欠或拒付工程价款时，承包商可依法对已完成的建设工程或业主的机械设备保持留置权，直至业主付清应当支付的所有款项。否则承包商有权将业主的建设工程或机械设备折价、拍卖或变卖，并从中优先受偿。

我国《担保法》第 84 条规定，因保管合同、运输合同、加工承揽合同发生的债权，债务人不履行债务的，债权人有留置权。法律规定可以留置的其他合同，适用前款规定。

这里没有明确建设工程合同是否可以设定留置。进一步可参照《合同法》第 287 条，本章没有规定的，适用承揽合同的有关规定。承揽合同是以留置作为担保方式的合同，承揽合同和建设工程合同均为完成工作成果的合同。在大陆法系国家中，建设工程合同并非一种独立的合同类型，相关内容一般都在承揽合同中加以规定。若从广义上将建设工程合同视为一种特殊的承揽合同，留置同样可适用于建设工程。在不少国家中，留置权既能成立于动产，也能成立于不动产。

在我国若针对建设工程实施留置，必须从法律上对留置标的的范围重新界定。这样势必造成《担保法》制度体系的重大变化，因此设立工程留置权存在着极大的法律障碍。另外，《合同法》既然针对发包人不支付工程价款为承包人设立了优先受偿权，此外再设立工程留置权的必要性就不复存在。

145. 优先受偿权制度的欠缺

我国《合同法》第 286 条所确立的建设工程价款优先受偿权制度则是对建设工程承包人的工程价款的一项特殊法律保护制度，发挥了其应有的作用，具有重要的现实意义，但在司法实践中，还主要有以下缺陷：

一是《合同法》第 286 条没有对建设工程优先权的性质作出明确界定，导致争议很多。

二是《合同法》第 286 条，没有对建设工程优先权的主体范围作出明确界定，依《合同法》第 269 条规定，建设工程合同包括工程勘察、设计、施工合同，因此从广义上来说，建设工程承包人应包括建设工程的勘察人、设计人、施工合同的承包人以及发包人，另外施工合同的承包人还包括装修人，但上述主体是否享有优先权，立法上各国法律有不同规定，学者也有不同意见。

三是《合同法》第 286 条对于建设工程款优先权所担保的债权范围规定得不够明确。《合同法》及最高法院《关于建设工程价款优先受偿权问题的批复》就优先权所担保的债权范围仍然不能解决司法实践中出现的实际问题。如工程垫资项目，其垫付资金用于工资及工程材料款时，该部分工程款能否优先受偿呢？除报酬、材料款以外，还有其他实际支出怎么办？对于这一问题，《合同法》及批复则不能较好地解决，也就是说对于其所担保的债权范围规定得不明确。

四是优先受偿权行使期限的规定不合理。最高法院的《关于建设工程价款优先受偿权问题的批复》规定：建设工程承包人行使优先权的期限为六个月，自建设工程竣工之日或者建设工程合同约定的竣工之日起计算。六个月的优先权期间，不可能中断、延长。一旦六个月之后承包商要求支付工程款的权利转为普通债权，没有任何优先性。但是工程款的结算是一个复杂的过程，承包商要经历工程款结算的过程，又要在催告后给予发包人合理的期限，一旦业主有意拖延，承包人就只有通过诉讼或合同约定的仲裁需求确认工程欠款。事实上，优先权六个月的期限可能在诉讼或仲裁中就已经超过，六个月的保护显得过于仓促。

五是公益性项目不适用。《关于建设工程价款优先受偿权问题的批复》中对建设工程价款优先受偿权作出了明确的司法解释，确立了购房人的生存权优于建设工程承包人的优先受偿权，建设工程承包人的优先受偿权又优于银行抵押权的基本原则。因此，在一定程度上保障了建设工程承包人的合法权益得以实现。可对于政府投资的公益性的建设工程项目，在性质上则属于不宜折价或拍卖，不适于《合同法》第 286 条，目前对此类建设工程如何解决拖欠问题无法律依据。

146. 建设工程价款优先受偿权的完善措施

我国《合同法》第 286 条所确立的建设工程优先受偿权制度，在保护建设工程承包人的合法权益、维护社会经济秩序等方面真正发挥了积极的作用，为法院解决工程款拖欠问题提供了法律依据，但司法实践中，工程建筑企业成功获赔的案件很少，究其原因，是《合同法》第 286 条规定得过于粗略，操作性太差；即使最高法院为此又作了批复，但依然没有从根本上解决司法实践中出现的问题。为更好地解决建筑工程款优先受偿等问题，建议可以在以下方面加以完善。

一是明确建设工程优先权的权利性质。对于工程建设款优先受偿权的权利性质应当以立法的形式加以确定。

二是应明确规定行使建设工程优先权的主体，考虑到第 286 条设立的初衷，建议界定为施工承包人。

三是对建设工程优先受偿的范围加以明确；立法应当以列举的方式明确建设工程优先受偿权的适用范围，这更加便于司法实践中的操作，也符合法律规范的确定性。

四是考虑我国建设工程实际情况，延长优先受偿权的行使期限。

147. 提升工程担保法律制度法律位阶的必要性

建立建设工程担保制度，仅由部门立法（部门规章）的引导是不够的，规章不能作为确定担保效力的依据，推行工程担保制度，必须有法律作保障。因为工程建设金额大、工期长、技术复杂、不确定性大等特点决定了工程担保的专业性强，不应简单把它划归为《担保法》中规定的五种类型之一，我国应尽快从立法上解决工程担保的法律依据、行为规范等问题。

首先有必要在法律位阶和效力仅次于宪法的法律《建筑法》或《担保法》的修改中增加工程担保的专门条款，规定强制担保范围。此外也可结合《招标投标法》及《担保法》、《合同法》的有关原理，采纳国外立法中关于工程担保制度的优秀部分，对工程担保制度专门立法，作出明确而系统的规定，制定出符合我国国情的具有可操作性的工程担保法规。最好将关于《在房地产开发项目中推行工程建设合同担保的若干规定（试行）》上升为部令，这样就具有相对坚固的法律基础。

148. 工程担保法律法规需在哪些方面进行完善

（1）确定强制担保适用范围和担保品种

按照《担保法》中“担保活动应当遵循自愿、公平、诚实信用的原则”，应当允许当事人自由约定是否采用担保。我国建筑市场问题重重，业主盲目压价、要求垫资、拖欠工程款问题屡禁不绝。国家从维护建筑市场稳定角度，在一定范围内的政府投资项目和房地产开发项目中强制推行工程担保制度，不违反市场经济的基本原则和合同自由的基本理念，也有利于推动建立市场机制以化解和回避工程风险。因此有必要确定我国强制推行建设工程担保度的范围，确定哪些担保的品种需要在什么范围内强制推行。首先，建议在《建筑法》中增设强制推行工程担保的工程范围。例如，大型基础设施公用事业等关系社会公共利益公众安全的项目；全部或者部分使用国有资金投资或者国家融资的项目；大中型房地产投资项目。其次，所列项目的具体范围和规模标准及需强制推行的工程担保的品种，由国务院建设行政主管部门制定，报国务院批准。最后，建设工程担保的具体实施办法由国务院建设行政主管部门制定，报国务院批准。

（2）修改建筑安装工程费用组成和会计制度

目前，在工程项目造价中没有明确工程担保费用的来源。实施工程担保必然增加工程成本，担保费的支付是阻碍工程担保机制实施的关键问题之一。我国在国家和地方的工程造价管理中，没有列明此项费用，客观上造成无投保资金来源。因此需通过修改建筑安装工程费用组成，将担保费列入工程造价。同时修改现行会计制度，增加预算支出科目，将工程担保费用列入投资预算，修改施工企业会计核算办法，在工程实施科目下的成本项目明细中增加担保费用。

（3）制定工程担保行业管理的相关法规

《担保法》是一部行为法，我国仍缺少对担保行业管理的相关法律。虽然 2004 年 8 月建设部发布的《关于在房地产开发项目中推行工程建设合同担保的若干规定》界定了建设行政主管部门对工程担保“工作”实行监管，不过单个部门的能力一般难以延伸到担保市场准入、退出的全程监管。我国目前仍主要实行分业监管模式，担保机构的主管部门是经贸委，其“信用担保监督管理委员会”在许多地方又未能建立。担保具有信用放大功能，目前担保行业存在担保风险“溢出”、社会信用环境恶化的隐患。因此需协调各部门，专门制定对于工程担保进行行业管理的相关法规。

附录

中华人民共和国担保法

（1995年6月30日中华人民共和国主席令第五十号公布）

第一章　总　　则

第一条　为促进资金融通和商品流通，保障债权的实现，发展社会主义市场经济，制定本法。

第二条　在借贷、买卖、货物运输、加工承揽等经济活动中，债权人需要以担保方式保障其债权实现的，可以依照本法规定设定担保。

本法规定的担保方式为保证、抵押、质押、留置和定金。

第三条　担保活动应当遵循平等、自愿、公平、诚实信用的原则。

第四条　第三人为债务人向债权人提供担保时，可以要求债务人提供反担保。

反担保适用本法担保的规定。

第五条　担保合同是主合同的从合同，主合同无效，担保合同无效。担保合同另有约定的，按照约定。

担保合同被确认无效后，债务人、担保人、债权人有过错的，应当根据其过错各自承担相应的民事责任。

第二章　保　　证

第一节　保证和保证人

第六条　本法所称保证，是指保证人和债权人约定，当债务人不履行债务时，保证人按照约定履行债务或者承担责任的行为。

第七条　具有代为清偿债务能力的法人、其他组织或者公民，可以作保证人。

第八条　国家机关不得为保证人，但经国务院批准为使用外国政府或者国际经济组织贷款进行转贷的除外。

第九条　学校、幼儿园、医院等以公益为目的的事业单位、社会团体不得为保证人。

第十条　企业法人的分支机构、职能部门不得为保证人。

企业法人的分支机构有法人书面授权的，可以在授权范围内提供保证。

第十一条　任何单位和个人不得强令银行等金融机构或者企业为他人提供保证；银行

等金融机构或者企业对强令其为他人提供保证的行为，有权拒绝。

第十二条　同一债务有两个以上保证人的，保证人应当按照保证合同约定的保证份额，承担保证责任。没有约定保证份额的，保证人承担连带责任，债权人可以要求任何一个保证人承担全部保证责任，保证人都负有担保全部债权实现的义务。已经承担保证责任的保证人，有权向债务人追偿，或者要求承担连带责任的其他保证人清偿其应当承担的份额。

第二节　保证合同和保证方式

第十三条　保证人与债权人应当以书面形式订立保证合同。

第十四条　保证人与债权人可以就单个主合同分别订立保证合同，也可以协议在最高债权额限度内就一定期间连续发生的借款合同或者某项商品交易合同订立一个保证合同。

第十五条　保证合同应当包括以下内容：

（一）被保证的主债权种类、数额；

（二）债务人履行债务的期限；

（三）保证的方式；

（四）保证担保的范围；

（五）保证的期间；

（六）双方认为需要约定的其他事项。

保证合同不完全具备前款规定内容的，可以补正。

第十六条　保证的方式有：

（一）一般保证；

（二）连带责任保证。

第十七条　当事人在保证合同中约定，债务人不能履行债务时，由保证人承担保证责任的，为一般保证。

一般保证的保证人在主合同纠纷未经审判或者仲裁，并就债务人财产依法强制执行仍不能履行债务前，对债权人可以拒绝承担保证责任。

有下列情形之一的，保证人不得行使前款规定的权利：

（一）债务人住所变更，致使债权人要求其履行债务发生重大困难的；

（二）人民法院受理债务人破产案件，中止执行程序的；

（三）保证人以书面形式放弃前款规定的权利的。

第十八条　当事人在保证合同中约定保证人与债务人对债务承担连带责任的，为连带责任保证。

连带责任保证的债务人在主合同规定的债务履行期届满没有履行债务的，债权人可以要求债务人履行债务，也可以要求保证人在其保证范围内承担保证责任。

第十九条　当事人对保证方式没有约定或者约定不明确的，按照连带责任保证承担保证责任。

第二十条　一般保证和连带责任保证的保证人享有债务人的抗辩权。债务人放弃对债务的抗辩权的，保证人仍有权抗辩。

抗辩权是指债权人行使债权时，债务人根据法定事由，对抗债权人行使请求权的权利。

第三节　保证责任

第二十一条　保证担保的范围包括主债权及利息、违约金、损害赔偿金和实现债权的费用。保证合同另有约定的，按照约定。

当事人对保证担保的范围没有约定或者约定不明确的，保证人应当对全部债务承担责任。

第二十二条　保证期间，债权人依法将主债权转让给第三人的，保证人在原保证担保的范围内继续承担保证责任。保证合同另有约定的，按照约定。

第二十三条　保证期间，债权人许可债务人转让债务的，应当取得保证人书面同意，保证人对未经其同意转让的债务，不再承担保证责任。

第二十四条　债权人与债务人协议变更主合同的，应当取得保证人书面同意，未经保证人书面同意的，保证人不再承担保证责任。保证合同另有约定的，按照约定。

第二十五条　一般保证的保证人与债权人未约定保证期间的，保证期间为主债务履行期届满之日起六个月。

在合同约定的保证期间和前款规定的保证期间，债权人未对债务人提起诉讼或者申请仲裁的，保证人免除保证责任；债权人已提起诉讼或者申请仲裁的，保证期间适用诉讼时效中断的规定。

第二十六条　连带责任保证的保证人与债权人未约定保证期间的，债权人有权自主债务履行期届满之日起六个月内要求保证人承担保证责任。

在合同约定的保证期间和前款规定的保证期间，债权人未要求保证人承担保证责任的，保证人免除保证责任。

第二十七条　保证人依照本法第十四条规定就连续发生的债权作保证，未约定保证期间的，保证人可以随时书面通知债权人终止保证合同，但保证人对于通知到债权人前所发生的债权，承担保证责任。

第二十八条　同一债权既有保证又有物的担保的，保证人对物的担保以外的债权承担保证责任。

债权人放弃物的担保的，保证人在债权人放弃权利的范围内免除保证责任。

第二十九条　企业法人的分支机构未经法人书面授权或者超出授权范围与债权人订立保证合同的，该合同无效或者超出授权范围的部分无效，债权人和企业法人有过错的，应当根据其过错各自承担相应的民事责任；债权人无过错的，由企业法人承担民事责任。

第三十条　有下列情形之一的，保证人不承担民事责任：

（一）主合同当事人双方串通，骗取保证人提供保证的；

（二）主合同债权人采取欺诈、胁迫等手段，使保证人在违背真实意思的情况下提供保证的。

第三十一条　保证人承担保证责任后，有权向债务人追偿。

第三十二条　人民法院受理债务人破产案件后，债权人未申报债权的，保证人可以参加破产财产分配，预先行使追偿权。

第三章 抵 押

第一节 抵押和抵押物

第三十三条 本法所称抵押，是指债务人或者第三人不转移对本法第三十四条所列财产的占有，将该财产作为债权的担保。债务人不履行债务时，债权人有权依照本法规定以该财产折价或者以拍卖、变卖该财产的价款优先受偿。

前款规定的债务人或者第三人为抵押人，债权人为抵押权人，提供担保的财产为抵押物。

第三十四条 下列财产可以抵押：

（一）抵押人所有的房屋和其他地上定着物；

（二）抵押人所有的机器、交通运输工具和其他财产；

（三）抵押人依法有权处分的国有的土地使用权、房屋和其他地上定着物；

（四）抵押人依法有权处分的国有的机器、交通运输工具和其他财产；

（五）抵押人依法承包并经发包方同意抵押的荒山、荒沟、荒丘、荒滩等荒地的土地使用权；

（六）依法可以抵押的其他财产。

抵押人可以将前款所列财产一并抵押。

第三十五条 抵押人所担保的债权不得超出其抵押物的价值。

财产抵押后，该财产的价值大于所担保债权的余额部分，可以再次抵押，但不得超出其余额部分。

第三十六条 以依法取得的国有土地上的房屋抵押的，该房屋占用范围内的国有土地使用权同时抵押。

以出让方式取得的国有土地使用权抵押的，应当将抵押时该国有土地上的房屋同时抵押。

乡（镇）、村企业的土地使用权不得单独抵押。以乡（镇）、村企业的厂房等建筑物抵押的，其占用范围内的土地使用权同时抵押。

第三十七条 下列财产不得抵押：

（一）土地所有权；

（二）耕地、宅基地、自留地、自留山等集体所有的土地使用权，但本法第三十四条第（五）项、第三十六条第三款规定的除外；

（三）学校、幼儿园、医院等以公益为目的的事业单位、社会团体的教育设施、医疗卫生设施和其他社会公益设施；

（四）所有权、使用权不明或者有争议的财产；

（五）依法被查封、扣押、监管的财产；

（六）依法不得抵押的其他财产。

第二节 抵押合同和抵押物登记

第三十八条 抵押人和抵押权人应当以书面形式订立抵押合同。

第三十九条 抵押合同应当包括以下内容：

（一）被担保的主债权种类、数额；

（二）债务人履行债务的期限；

（三）抵押物的名称、数量、质量、状况、所在地、所有权权属或者使用权权属；

（四）抵押担保的范围；

（五）当事人认为需要约定的其他事项。

抵押合同不完全具备前款规定内容的，可以补正。

第四十条 订立抵押合同时，抵押权人和抵押人在合同中不得约定在债务履行期届满抵押权人未受清偿时，抵押物的所有权转移为债权人所有。

第四十一条 当事人以本法第四十二条规定的财产抵押的，应当办理抵押物登记，抵押合同自登记之日起生效。

第四十二条 办理抵押物登记的部门如下：

（一）以无地上定着物的土地使用权抵押的，为核发土地使用权证书的土地管理部门；

（二）以城市房地产或者乡（镇）、村企业的厂房等建筑物抵押的，为县级以上地方人民政府规定的部门；

（三）以林木抵押的，为县级以上林木主管部门；

（四）以航空器、船舶、车辆抵押的，为运输工具的登记部门；

（五）以企业的设备和其他动产抵押的，为财产所在地的工商行政管理部门。

第四十三条 当事人以其他财产抵押的，可以自愿办理抵押物登记，抵押合同自签订之日起生效。

当事人未办理抵押物登记的，不得对抗第三人。当事人办理抵押物登记的，登记部门为抵押人所在地的公证部门。

第四十四条 办理抵押物登记，应当向登记部门提供下列文件或者其复印件：

（一）主合同和抵押合同；

（二）抵押物的所有权或者使用权证书。

第四十五条 登记部门登记的资料，应当允许查阅、抄录或者复印。

第三节 抵押的效力

第四十六条 抵押担保的范围包括主债权及利息、违约金、损害赔偿金和实现抵押权的费用。抵押合同另有约定的，按照约定。

第四十七条 债务履行期届满，债务人不履行债务致使抵押物被人民法院依法扣押的，自扣押之日起抵押权人有权收取由抵押物分离的天然孳息以及抵押人就抵押物可以收取的法定孳息。抵押权人未将扣押抵押物的事实通知应当清偿法定孳息的义务人的，抵押权的效力不及于该孳息。

前款孳息应当先充抵收取孳息的费用。

第四十八条 抵押人将已出租的财产抵押的，应当书面告知承租人，原租赁合同继续有效。

第四十九条 抵押期间，抵押人转让已办理登记的抵押物的，应当通知抵押权人并告知受让人转让物已经抵押的情况；抵押人未通知抵押权人或者未告知受让人的，转让行为无效。

转让抵押物的价款明显低于其价值的，抵押权人可以要求抵押人提供相应的担保；抵押人不提供的，不得转让抵押物。

抵押人转让抵押物所得的价款，应当向抵押权人提前清偿所担保的债权或者向与抵押权人约定的第三人提存。超过债权数额的部分，归抵押人所有，不足部分由债务人清偿。

第五十条 抵押权不得与债权分离而单独转让或者作为其他债权的担保。

第五十一条 抵押人的行为足以使抵押物价值减少的，抵押权人有权要求抵押人停止其行为。抵押物价值减少时，抵押权人有权要求抵押人恢复抵押物的价值，或者提供与减少的价值相当的担保。

抵押人对抵押物价值减少无过错的，抵押权人只能在抵押人因损害而得到的赔偿范围内要求提供担保。抵押物价值未减少的部分，仍作为债权的担保。

第五十二条 抵押权与其担保的债权同时存在，债权消灭的，抵押权也消灭。

第四节 抵押权的实现

第五十三条 债务履行期届满抵押权人未受清偿的，可以与抵押人协议以抵押物折价或者以拍卖、变卖该抵押物所得的价款受偿；协议不成的，抵押权人可以向人民法院提起诉讼。

抵押物折价或者拍卖、变卖后，其价款超过债权数额的部分归抵押人所有，不足部分由债务人清偿。

第五十四条 同一财产向两个以上债权人抵押的，拍卖、变卖抵押物所得的价款按照以下规定清偿：

（一）抵押合同以登记生效的，按照抵押物登记的先后顺序清偿；顺序相同的，按照债权比例清偿；

（二）抵押合同自签订之日起生效的，该抵押物已登记的，按照本条第（一）项规定清偿；未登记的，按照合同生效时间的先后顺序清偿，顺序相同的，按照债权比例清偿。抵押物已登记的先于未登记的受偿。

第五十五条 城市房地产抵押合同签订后，土地上新增的房屋不属于抵押物。需要拍卖该抵押的房地产时，可以依法将该土地上新增的房屋与抵押物一同拍卖，但对拍卖新增房屋所得，抵押权人无权优先受偿。

依照本法规定以承包的荒地的土地使用权抵押的，或者以乡（镇）、村企业的厂房等建筑物占用范围内的土地使用权抵押的，在实现抵押权后，未经法定程序不得改变土地集体所有和土地用途。

第五十六条 拍卖划拨的国有土地使用权所得的价款，在依法缴纳相当于应缴纳的土地使用权出让金的款额后，抵押权人有优先受偿权。

第五十七条 为债务人抵押担保的第三人，在抵押权人实现抵押权后，有权向债务人追偿。

第五十八条 抵押权因抵押物灭失而消灭。因灭失所得的赔偿金，应当作为抵押财产。

第五节　最高额抵押

第五十九条　本法所称最高额抵押，是指抵押人与抵押权人协议，在最高债权额限度内，以抵押物对一定期间内连续发生的债权作担保。

第六十条　借款合同可以附最高额抵押合同。

债权人与债务人就某项商品在一定期间内连续发生交易而签订的合同，可以附最高额抵押合同。

第六十一条　最高额抵押的主合同债权不得转让。

第六十二条　最高额抵押除适用本节规定外，适用本章其他规定。

第四章　质　　押

第一节　动产质押

第六十三条　本法所称动产质押，是指债务人或者第三人将其动产移交债权人占有，将该动产作为债权的担保。债务人不履行债务时，债权人有权依照本法规定以该动产折价或者以拍卖、变卖该动产的价款优先受偿。

前款规定的债务人或者第三人为出质人，债权人为质权人，移交的动产为质物。

第六十四条　出质人和质权人应当以书面形式订立质押合同。

质押合同自质物移交于质权人占有时生效。

第六十五条　质押合同应当包括以下内容：

（一）被担保的主债权种类、数额；

（二）债务人履行债务的期限；

（三）质物的名称、数量、质量、状况；

（四）质押担保的范围；

（五）质物移交的时间；

（六）当事人认为需要约定的其他事项。

质押合同不完全具备前款规定内容的，可以补正。

第六十六条　出质人和质权人在合同中不得约定在债务履行期届满质权人未受清偿时，质物的所有权转移为质权人所有。

第六十七条　质押担保的范围包括主债权及利息、违约金、损害赔偿金、质物保管费用和实现质权的费用。质押合同另有约定的，按照约定。

第六十八条　质权人有权收取质物所生的孳息。质押合同另有约定的，按照约定。

前款孳息应当先充抵收取孳息的费用。

第六十九条　质权人负有妥善保管质物的义务。因保管不善致使质物灭失或者毁损的，质权人应当承担民事责任。

质权人不能妥善保管质物可能致使其灭失或者毁损的，出质人可以要求质权人将质物提存，或者要求提前清偿债权而返还质物。

第七十条　质物有损坏或者价值明显减少的可能，足以危害质权人权利的，质权人可以要求出质人提供相应的担保。出质人不提供的，质权人可以拍卖或者变卖质物，并与出质人协议将拍卖或者变卖所得的价款用于提前清偿所担保的债权或者向与出质人约定的第三人提存。

第七十一条 债务履行期届满债务人履行债务的，或者出质人提前清偿所担保的债权的，质权人应当返还质物。

债务履行期届满质权人未受清偿的，可以与出质人协议以质物折价，也可以依法拍卖、变卖质物。

质物折价或者拍卖、变卖后，其价款超过债权数额的部分归出质人所有，不足部分由债务人清偿。

第七十二条 为债务人质押担保的第三人，在质权人实现质权后，有权向债务人追偿。

第七十三条 质权因质物灭失而消灭。因灭失所得的赔偿金，应当作为出质财产。

第七十四条 质权与其担保的债权同时存在，债权消灭的，质权也消灭。

第二节 权利质押

第七十五条 下列权利可以质押：

（一）汇票、支票、本票、债券、存款单、仓单、提单；

（二）依法可以转让的股份、股票；

（三）依法可以转让的商标专用权，专利权、著作权中的财产权；

（四）依法可以质押的其他权利。

第七十六条 以汇票、支票、本票、债券、存款单、仓单、提单出质的，应当在合同约定的期限内将权利凭证交付质权人。质押合同自权利凭证交付之日起生效。

第七十七条 以载明兑现或者提货日期的汇票、支票、本票、债券、存款单、仓单、提单出质的，汇票、支票、本票、债券、存款单、仓单、提单兑现或者提货日期先于债务履行期的，质权人可以在债务履行期届满前兑现或者提货，并与出质人协议将兑现的价款或者提取的货物用于提前清偿所担保的债权或者向与出质人约定的第三人提存。

第七十八条 以依法可以转让的股票出质的，出质人与质权人应当订立书面合同，并向证券登记机构办理出质登记。质押合同自登记之日起生效。

股票出质后，不得转让，但经出质人与质权人协商同意的可以转让。出质人转让股票所得的价款应当向质权人提前清偿所担保的债权或者向与质权人约定的第三人提存。

以有限责任公司的股份出质的，适用公司法股份转让的有关规定。质押合同自股份出质记载于股东名册之日起生效。

第七十九条 以依法可以转让的商标专用权，专利权、著作权中的财产权出质的，出质人与质权人应当订立书面合同，并向其管理部门办理出质登记。质押合同自登记之日起生效。

第八十条 本法第七十九条规定的权利出质后，出质人不得转让或者许可他人使用，但经出质人与质权人协商同意的可以转让或者许可他人使用。出质人所得的转让费、许可费应当向质权人提前清偿所担保的债权或者向与质权人约定的第三人提存。

第八十一条　权利质押除适用本节规定外，适用本章第一节的规定。

第五章　留　置

第八十二条　本法所称留置，是指依照本法第八十四条的规定，债权人按照合同约定占有债务人的动产，债务人不按照合同约定的期限履行债务的，债权人有权依照本法规定留置该财产，以该财产折价或者以拍卖、变卖该财产的价款优先受偿。

第八十三条　留置担保的范围包括主债权及利息、违约金、损害赔偿金、留置物保管费用和实现留置权的费用。

第八十四条　因保管合同、运输合同、加工承揽合同发生的债权，债务人不履行债务的，债权人有留置权。

法律规定可以留置的其他合同，适用前款规定。

当事人可以在合同中约定不得留置的物。

第八十五条　留置的财产为可分物的，留置物的价值应当相当于债务的金额。

第八十六条　留置权人负有妥善保管留置物的义务。因保管不善致使留置物灭失或者毁损的，留置权人应当承担民事责任。

第八十七条　债权人与债务人应当在合同中约定，债权人留置财产后，债务人应当在不少于两个月的期限内履行债务。债权人与债务人在合同中未约定的，债权人留置债务人财产后，应当确定两个月以上的期限，通知债务人在该期限内履行债务。

债务人逾期仍不履行的，债权人可以与债务人协议以留置物折价，也可以依法拍卖、变卖留置物。

留置物折价或者拍卖、变卖后，其价款超过债权数额的部分归债务人所有，不足部分由债务人清偿。

第八十八条　留置权因下列原因消灭：

（一）债权消灭的；

（二）债务人另行提供担保并被债权人接受的。

第六章　定　金

第八十九条　当事人可以约定一方向对方给付定金作为债权的担保。债务人履行债务后，定金应当抵作价款或者收回。给付定金的一方不履行约定的债务的，无权要求返还定金；收受定金的一方不履行约定的债务的，应当双倍返还定金。

第九十条　定金应当以书面形式约定。当事人在定金合同中应当约定交付定金的期限。定金合同从实际交付定金之日起生效。

第九十一条　定金的数额由当事人约定，但不得超过主合同标的额的百分之二十。

第七章　附　则

第九十二条　本法所称不动产是指土地以及房屋、林木等地上定着物。

本法所称动产是指不动产以外的物。

第九十三条　本法所称保证合同、抵押合同、质押合同、定金合同可以是单独订立的书面合同，包括当事人之间的具有担保性质的信函、传真等，也可以是主合同中的担保条款。

第九十四条 抵押物、质物、留置物折价或者变卖，应当参照市场价格。

第九十五条 海商法等法律对担保有特别规定的，依照其规定。

第九十六条 本法自 1995 年 10 月 1 日起施行。

中华人民共和国物权法

（2007年3月16日中华人民共和国主席令第六十二号公布）

第一编　总　　则

第一章　基本原则

第一条　为了维护国家基本经济制度，维护社会主义市场经济秩序，明确物的归属，发挥物的效用，保护权利人的物权，根据宪法，制定本法。

第二条　因物的归属和利用而产生的民事关系，适用本法。

本法所称物，包括不动产和动产。法律规定权利作为物权客体的，依照其规定。

本法所称物权，是指权利人依法对特定的物享有直接支配和排他的权利，包括所有权、用益物权和担保物权。

第三条　国家在社会主义初级阶段，坚持公有制为主体、多种所有制经济共同发展的基本经济制度。

国家巩固和发展公有制经济，鼓励、支持和引导非公有制经济的发展。

国家实行社会主义市场经济，保障一切市场主体的平等法律地位和发展权利。

第四条　国家、集体、私人的物权和其他权利人的物权受法律保护，任何单位和个人不得侵犯。

第五条　物权的种类和内容，由法律规定。

第六条　不动产物权的设立、变更、转让和消灭，应当依照法律规定登记。动产物权的设立和转让，应当依照法律规定交付。

第七条　物权的取得和行使，应当遵守法律，尊重社会公德，不得损害公共利益和他人合法权益。

第八条　其他相关法律对物权另有特别规定的，依照其规定。

第二章　物权的设立、变更、转让和消灭

第一节　不动产登记

第九条　不动产物权的设立、变更、转让和消灭，经依法登记，发生效力；未经登记，不发生效力，但法律另有规定的除外。

依法属于国家所有的自然资源，所有权可以不登记。

第十条　不动产登记，由不动产所在地的登记机构办理。

国家对不动产实行统一登记制度。统一登记的范围、登记机构和登记办法，由法律、行政法规规定。

第十一条 当事人申请登记，应当根据不同登记事项提供权属证明和不动产界址、面积等必要材料。

第十二条 登记机构应当履行下列职责：

（一）查验申请人提供的权属证明和其他必要材料；

（二）就有关登记事项询问申请人；

（三）如实、及时登记有关事项；

（四）法律、行政法规规定的其他职责。

申请登记的不动产的有关情况需要进一步证明的，登记机构可以要求申请人补充材料，必要时可以实地查看。

第十三条 登记机构不得有下列行为：

（一）要求对不动产进行评估；

（二）以年检等名义进行重复登记；

（三）超出登记职责范围的其他行为。

第十四条 不动产物权的设立、变更、转让和消灭，依照法律规定应当登记的，自记载于不动产登记簿时发生效力。

第十五条 当事人之间订立有关设立、变更、转让和消灭不动产物权的合同，除法律另有规定或者合同另有约定外，自合同成立时生效；未办理物权登记的，不影响合同效力。

第十六条 不动产登记簿是物权归属和内容的根据。不动产登记簿由登记机构管理。

第十七条 不动产权属证书是权利人享有该不动产物权的证明。不动产权属证书记载的事项，应当与不动产登记簿一致；记载不一致的，除有证据证明不动产登记簿确有错误外，以不动产登记簿为准。

第十八条 权利人、利害关系人可以申请查询、复制登记资料，登记机构应当提供。

第十九条 权利人、利害关系人认为不动产登记簿记载的事项错误的，可以申请更正登记。不动产登记簿记载的权利人书面同意更正或者有证据证明登记确有错误的，登记机构应当予以更正。

不动产登记簿记载的权利人不同意更正的，利害关系人可以申请异议登记。登记机构予以异议登记的，申请人在异议登记之日起十五日内不起诉，异议登记失效。异议登记不当，造成权利人损害的，权利人可以向申请人请求损害赔偿。

第二十条 当事人签订买卖房屋或者其他不动产物权的协议，为保障将来实现物权，按照约定可以向登记机构申请预告登记。预告登记后，未经预告登记的权利人同意，处分该不动产的，不发生物权效力。

预告登记后，债权消灭或者自能够进行不动产登记之日起三个月内未申请登记的，预告登记失效。

第二十一条 当事人提供虚假材料申请登记，给他人造成损害的，应当承担赔偿责任。

因登记错误，给他人造成损害的，登记机构应当承担赔偿责任。登记机构赔偿后，可以向造成登记错误的人追偿。

第二十二条　不动产登记费按件收取，不得按照不动产的面积、体积或者价款的比例收取。具体收费标准由国务院有关部门会同价格主管部门规定。

第二节　动产交付

第二十三条　动产物权的设立和转让，自交付时发生效力，但法律另有规定的除外。

第二十四条　船舶、航空器和机动车等物权的设立、变更、转让和消灭，未经登记，不得对抗善意第三人。

第二十五条　动产物权设立和转让前，权利人已经依法占有该动产的，物权自法律行为生效时发生效力。

第二十六条　动产物权设立和转让前，第三人依法占有该动产的，负有交付义务的人可以通过转让请求第三人返还原物的权利代替交付。

第二十七条　动产物权转让时，双方又约定由出让人继续占有该动产的，物权自该约定生效时发生效力。

第三节　其他规定

第二十八条　因人民法院、仲裁委员会的法律文书或者人民政府的征收决定等，导致物权设立、变更、转让或者消灭的，自法律文书或者人民政府的征收决定等生效时发生效力。

第二十九条　因继承或者受遗赠取得物权的，自继承或者受遗赠开始时发生效力。

第三十条　因合法建造、拆除房屋等事实行为设立或者消灭物权的，自事实行为成就时发生效力。

第三十一条　依照本法第二十八条至第三十条规定享有不动产物权的，处分该物权时，依照法律规定需要办理登记的，未经登记，不发生物权效力。

第三章　物权的保护

第三十二条　物权受到侵害的，权利人可以通过和解、调解、仲裁、诉讼等途径解决。

第三十三条　因物权的归属、内容发生争议的，利害关系人可以请求确认权利。

第三十四条　无权占有不动产或者动产的，权利人可以请求返还原物。

第三十五条　妨害物权或者可能妨害物权的，权利人可以请求排除妨害或者消除危险。

第三十六条　造成不动产或者动产毁损的，权利人可以请求修理、重作、更换或者恢复原状。

第三十七条　侵害物权，造成权利人损害的，权利人可以请求损害赔偿，也可以请求承担其他民事责任。

第三十八条　本章规定的物权保护方式，可以单独适用，也可以根据权利被侵害的情形合并适用。

侵害物权，除承担民事责任外，违反行政管理规定的，依法承担行政责任；构成犯罪的，依法追究刑事责任。

第二编 所有权

第四章 一般规定

第三十九条 所有权人对自己的不动产或者动产，依法享有占有、使用、收益和处分的权利。

第四十条 所有权人有权在自己的不动产或者动产上设立用益物权和担保物权。用益物权人、担保物权人行使权利，不得损害所有权人的权益。

第四十一条 法律规定专属于国家所有的不动产和动产，任何单位和个人不能取得所有权。

第四十二条 为了公共利益的需要，依照法律规定的权限和程序可以征收集体所有的土地和单位、个人的房屋及其他不动产。

征收集体所有的土地，应当依法足额支付土地补偿费、安置补助费、地上附着物和青苗的补偿费等费用，安排被征地农民的社会保障费用，保障被征地农民的生活，维护被征地农民的合法权益。

征收单位、个人的房屋及其他不动产，应当依法给予拆迁补偿，维护被征收人的合法权益；征收个人住宅的，还应当保障被征收人的居住条件。

任何单位和个人不得贪污、挪用、私分、截留、拖欠征收补偿费等费用。

第四十三条 国家对耕地实行特殊保护，严格限制农用地转为建设用地，控制建设用地总量。不得违反法律规定的权限和程序征收集体所有的土地。

第四十四条 因抢险、救灾等紧急需要，依照法律规定的权限和程序可以征用单位、个人的不动产或者动产。被征用的不动产或者动产使用后，应当返还被征用人。单位、个人的不动产或者动产被征用或者征用后毁损、灭失的，应当给予补偿。

第五章 国家所有权和集体所有权、私人所有权

第四十五条 法律规定属于国家所有的财产，属于国家所有即全民所有。

国有财产由国务院代表国家行使所有权；法律另有规定的，依照其规定。

第四十六条 矿藏、水流、海域属于国家所有。

第四十七条 城市的土地，属于国家所有。法律规定属于国家所有的农村和城市郊区的土地，属于国家所有。

第四十八条 森林、山岭、草原、荒地、滩涂等自然资源，属于国家所有，但法律规定属于集体所有的除外。

第四十九条 法律规定属于国家所有的野生动植物资源，属于国家所有。

第五十条 无线电频谱资源属于国家所有。

第五十一条 法律规定属于国家所有的文物，属于国家所有。

第五十二条 国防资产属于国家所有。

铁路、公路、电力设施、电信设施和油气管道等基础设施，依照法律规定为国家所有

的，属于国家所有。

第五十三条　国家机关对其直接支配的不动产和动产，享有占有、使用以及依照法律和国务院的有关规定处分的权利。

第五十四条　国家举办的事业单位对其直接支配的不动产和动产，享有占有、使用以及依照法律和国务院的有关规定收益、处分的权利。

第五十五条　国家出资的企业，由国务院、地方人民政府依照法律、行政法规规定分别代表国家履行出资人职责，享有出资人权益。

第五十六条　国家所有的财产受法律保护，禁止任何单位和个人侵占、哄抢、私分、截留、破坏。

第五十七条　履行国有财产管理、监督职责的机构及其工作人员，应当依法加强对国有财产的管理、监督，促进国有财产保值增值，防止国有财产损失；滥用职权，玩忽职守，造成国有财产损失的，应当依法承担法律责任。

违反国有财产管理规定，在企业改制、合并分立、关联交易等过程中，低价转让、合谋私分、擅自担保或者以其他方式造成国有财产损失的，应当依法承担法律责任。

第五十八条　集体所有的不动产和动产包括：

（一）法律规定属于集体所有的土地和森林、山岭、草原、荒地、滩涂；

（二）集体所有的建筑物、生产设施、农田水利设施；

（三）集体所有的教育、科学、文化、卫生、体育等设施；

（四）集体所有的其他不动产和动产。

第五十九条　农民集体所有的不动产和动产，属于本集体成员集体所有。

下列事项应当依照法定程序经本集体成员决定：

（一）土地承包方案以及将土地发包给本集体以外的单位或者个人承包；

（二）个别土地承包经营权人之间承包地的调整；

（三）土地补偿费等费用的使用、分配办法；

（四）集体出资的企业的所有权变动等事项；

（五）法律规定的其他事项。

第六十条　对于集体所有的土地和森林、山岭、草原、荒地、滩涂等，依照下列规定行使所有权：

（一）属于村农民集体所有的，由村集体经济组织或者村民委员会代表集体行使所有权；

（二）分别属于村内两个以上农民集体所有的，由村内各该集体经济组织或者村民小组代表集体行使所有权；

（三）属于乡镇农民集体所有的，由乡镇集体经济组织代表集体行使所有权。

第六十一条　城镇集体所有的不动产和动产，依照法律、行政法规的规定由本集体享有占有、使用、收益和处分的权利。

第六十二条　集体经济组织或者村民委员会、村民小组应当依照法律、行政法规以及章程、村规民约向本集体成员公布集体财产的状况。

第六十三条　集体所有的财产受法律保护，禁止任何单位和个人侵占、哄抢、私分、破坏。

集体经济组织、村民委员会或者其负责人作出的决定侵害集体成员合法权益的，受侵害的集体成员可以请求人民法院予以撤销。

第六十四条 私人对其合法的收入、房屋、生活用品、生产工具、原材料等不动产和动产享有所有权。

第六十五条 私人合法的储蓄、投资及其收益受法律保护。

国家依照法律规定保护私人的继承权及其他合法权益。

第六十六条 私人的合法财产受法律保护，禁止任何单位和个人侵占、哄抢、破坏。

第六十七条 国家、集体和私人依法可以出资设立有限责任公司、股份有限公司或者其他企业。国家、集体和私人所有的不动产或者动产，投到企业的，由出资人按照约定或者出资比例享有资产收益、重大决策以及选择经营管理者等权利并履行义务。

第六十八条 企业法人对其不动产和动产依照法律、行政法规以及章程享有占有、使用、收益和处分的权利。

企业法人以外的法人，对其不动产和动产的权利，适用有关法律、行政法规以及章程的规定。

第六十九条 社会团体依法所有的不动产和动产，受法律保护。

第六章 业主的建筑物区分所有权

第七十条 业主对建筑物内的住宅、经营性用房等专有部分享有所有权，对专有部分以外的共有部分享有共有和共同管理的权利。

第七十一条 业主对其建筑物专有部分享有占有、使用、收益和处分的权利。业主行使权利不得危及建筑物的安全，不得损害其他业主的合法权益。

第七十二条 业主对建筑物专有部分以外的共有部分，享有权利，承担义务；不得以放弃权利不履行义务。

业主转让建筑物内的住宅、经营性用房，其对共有部分享有的共有和共同管理的权利一并转让。

第七十三条 建筑区划内的道路，属于业主共有，但属于城镇公共道路的除外。建筑区划内的绿地，属于业主共有，但属于城镇公共绿地或者明示属于个人的除外。建筑区划内的其他公共场所、公用设施和物业服务用房，属于业主共有。

第七十四条 建筑区划内，规划用于停放汽车的车位、车库应当首先满足业主的需要。

建筑区划内，规划用于停放汽车的车位、车库的归属，由当事人通过出售、附赠或者出租等方式约定。

占用业主共有的道路或者其他场地用于停放汽车的车位，属于业主共有。

第七十五条 业主可以设立业主大会，选举业主委员会。

地方人民政府有关部门应当对设立业主大会和选举业主委员会给予指导和协助。

第七十六条 下列事项由业主共同决定：

（一）制定和修改业主大会议事规则；

（二）制定和修改建筑物及其附属设施的管理规约；

（三）选举业主委员会或者更换业主委员会成员；

（四）选聘和解聘物业服务企业或者其他管理人；
（五）筹集和使用建筑物及其附属设施的维修资金；
（六）改建、重建建筑物及其附属设施；
（七）有关共有和共同管理权利的其他重大事项。

决定前款第五项和第六项规定的事项，应当经专有部分占建筑物总面积三分之二以上的业主且占总人数三分之二以上的业主同意。决定前款其他事项，应当经专有部分占建筑物总面积过半数的业主且占总人数过半数的业主同意。

第七十七条　业主不得违反法律、法规以及管理规约，将住宅改变为经营性用房。业主将住宅改变为经营性用房的，除遵守法律、法规以及管理规约外，应当经有利害关系的业主同意。

第七十八条　业主大会或者业主委员会的决定，对业主具有约束力。

业主大会或者业主委员会作出的决定侵害业主合法权益的，受侵害的业主可以请求人民法院予以撤销。

第七十九条　建筑物及其附属设施的维修资金，属于业主共有。经业主共同决定，可以用于电梯、水箱等共有部分的维修。维修资金的筹集、使用情况应当公布。

第八十条　建筑物及其附属设施的费用分摊、收益分配等事项，有约定的，按照约定；没有约定或者约定不明确的，按照业主专有部分占建筑物总面积的比例确定。

第八十一条　业主可以自行管理建筑物及其附属设施，也可以委托物业服务企业或者其他管理人管理。

对建设单位聘请的物业服务企业或者其他管理人，业主有权依法更换。

第八十二条　物业服务企业或者其他管理人根据业主的委托管理建筑区划内的建筑物及其附属设施，并接受业主的监督。

第八十三条　业主应当遵守法律、法规以及管理规约。

业主大会和业主委员会，对任意弃置垃圾、排放污染物或者噪声、违反规定饲养动物、违章搭建、侵占通道、拒付物业费等损害他人合法权益的行为，有权依照法律、法规以及管理规约，要求行为人停止侵害、消除危险、排除妨害、赔偿损失。业主对侵害自己合法权益的行为，可以依法向人民法院提起诉讼。

第七章　相邻关系

第八十四条　不动产的相邻权利人应当按照有利生产、方便生活、团结互助、公平合理的原则，正确处理相邻关系。

第八十五条　法律、法规对处理相邻关系有规定的，依照其规定；法律、法规没有规定的，可以按照当地习惯。

第八十六条　不动产权利人应当为相邻权利人用水、排水提供必要的便利。

对自然流水的利用，应当在不动产的相邻权利人之间合理分配。对自然流水的排放，应当尊重自然流向。

第八十七条　不动产权利人对相邻权利人因通行等必须利用其土地的，应当提供必要的便利。

第八十八条　不动产权利人因建造、修缮建筑物以及铺设电线、电缆、水管、暖气和燃气管线等必须利用相邻土地、建筑物的，该土地、建筑物的权利人应当提供必要的便利。

第八十九条 建造建筑物，不得违反国家有关工程建设标准，妨碍相邻建筑物的通风、采光和日照。

第九十条 不动产权利人不得违反国家规定弃置固体废物，排放大气污染物、水污染物、噪声、光、电磁波辐射等有害物质。

第九十一条 不动产权利人挖掘土地、建造建筑物、铺设管线以及安装设备等，不得危及相邻不动产的安全。

第九十二条 不动产权利人因用水、排水、通行、铺设管线等利用相邻不动产的，应当尽量避免对相邻的不动产权利人造成损害；造成损害的，应当给予赔偿。

第八章 共　　有

第九十三条 不动产或者动产可以由两个以上单位、个人共有。共有包括按份共有和共同共有。

第九十四条 按份共有人对共有的不动产或者动产按照其份额享有所有权。

第九十五条 共同共有人对共有的不动产或者动产共同享有所有权。

第九十六条 共有人按照约定管理共有的不动产或者动产；没有约定或者约定不明确的，各共有人都有管理的权利和义务。

第九十七条 处分共有的不动产或者动产以及对共有的不动产或者动产作重大修缮的，应当经占份额三分之二以上的按份共有人或者全体共同共有人同意，但共有人之间另有约定的除外。

第九十八条 对共有物的管理费用以及其他负担，有约定的，按照约定；没有约定或者约定不明确的，按份共有人按照其份额负担，共同共有人共同负担。

第九十九条 共有人约定不得分割共有的不动产或者动产，以维持共有关系的，应当按照约定，但共有人有重大理由需要分割的，可以请求分割；没有约定或者约定不明确的，按份共有人可以随时请求分割，共同共有人在共有的基础丧失或者有重大理由需要分割时可以请求分割。因分割对其他共有人造成损害的，应当给予赔偿。

第一百条 共有人可以协商确定分割方式。达不成协议，共有的不动产或者动产可以分割并且不会因分割减损价值的，应当对实物予以分割；难以分割或者因分割会减损价值的，应当对折价或者拍卖、变卖取得的价款予以分割。

共有人分割所得的不动产或者动产有瑕疵的，其他共有人应当分担损失。

第一百零一条 按份共有人可以转让其享有的共有的不动产或者动产份额。其他共有人在同等条件下享有优先购买的权利。

第一百零二条 因共有的不动产或者动产产生的债权债务，在对外关系上，共有人享有连带债权、承担连带债务，但法律另有规定或者第三人知道共有人不具有连带债权债务关系的除外；在共有人内部关系上，除共有人另有约定外，按份共有人按照份额享有债权、承担债务，共同共有人共同享有债权、承担债务。偿还债务超过自己应当承担份额的按份共有人，有权向其他共有人追偿。

第一百零三条 共有人对共有的不动产或者动产没有约定为按份共有或者共同共有，或者约定不明确的，除共有人具有家庭关系等外，视为按份共有。

第一百零四条　按份共有人对共有的不动产或者动产享有的份额，没有约定或者约定不明确的，按照出资额确定；不能确定出资额的，视为等额享有。

第一百零五条　两个以上单位、个人共同享有用益物权、担保物权的，参照本章规定。

第九章　所有权取得的特别规定

第一百零六条　无处分权人将不动产或者动产转让给受让人的，所有权人有权追回；除法律另有规定外，符合下列情形的，受让人取得该不动产或者动产的所有权：

（一）受让人受让该不动产或者动产时是善意的；

（二）以合理的价格转让；

（三）转让的不动产或者动产依照法律规定应当登记的已经登记，不需要登记的已经交付给受让人。

受让人依照前款规定取得不动产或者动产的所有权的，原所有权人有权向无处分权人请求赔偿损失。

当事人善意取得其他物权的，参照前两款规定。

第一百零七条　所有权人或者其他权利人有权追回遗失物。该遗失物通过转让被他人占有的，权利人有权向无处分权人请求损害赔偿，或者自知道或者应当知道受让人之日起二年内向受让人请求返还原物，但受让人通过拍卖或者向具有经营资格的经营者购得该遗失物的，权利人请求返还原物时应当支付受让人所付的费用。权利人向受让人支付所付费用后，有权向无处分权人追偿。

第一百零八条　善意受让人取得动产后，该动产上的原有权利消灭，但善意受让人在受让时知道或者应当知道该权利的除外。

第一百零九条　拾得遗失物，应当返还权利人。拾得人应当及时通知权利人领取，或者送交公安等有关部门。

第一百一十条　有关部门收到遗失物，知道权利人的，应当及时通知其领取；不知道的，应当及时发布招领公告。

第一百一十一条　拾得人在遗失物送交有关部门前，有关部门在遗失物被领取前，应当妥善保管遗失物。因故意或者重大过失致使遗失物毁损、灭失的，应当承担民事责任。

第一百一十二条　权利人领取遗失物时，应当向拾得人或者有关部门支付保管遗失物等支出的必要费用。

权利人悬赏寻找遗失物的，领取遗失物时应当按照承诺履行义务。

拾得人侵占遗失物的，无权请求保管遗失物等支出的费用，也无权请求权利人按照承诺履行义务。

第一百一十三条　遗失物自发布招领公告之日起六个月内无人认领的，归国家所有。

第一百一十四条　拾得漂流物、发现埋藏物或者隐藏物的，参照拾得遗失物的有关规定。文物保护法等法律另有规定的，依照其规定。

第一百一十五条　主物转让的，从物随主物转让，但当事人另有约定的除外。

第一百一十六条　天然孳息，由所有权人取得；既有所有权人又有用益物权人的，由用益物权人取得。当事人另有约定的，按照约定。

法定孳息，当事人有约定的，按照约定取得；没有约定或者约定不明确的，按照交易习惯取得。

第三编 用益物权

第十章 一般规定

第一百一十七条 用益物权人对他人所有的不动产或者动产，依法享有占有、使用和收益的权利。

第一百一十八条 国家所有或者国家所有由集体使用以及法律规定属于集体所有的自然资源，单位、个人依法可以占有、使用和收益。

第一百一十九条 国家实行自然资源有偿使用制度，但法律另有规定的除外。

第一百二十条 用益物权人行使权利，应当遵守法律有关保护和合理开发利用资源的规定。所有权人不得干涉用益物权人行使权利。

第一百二十一条 因不动产或者动产被征收、征用致使用益物权消灭或者影响用益物权行使的，用益物权人有权依照本法第四十二条、第四十四条的规定获得相应补偿。

第一百二十二条 依法取得的海域使用权受法律保护。

第一百二十三条 依法取得的探矿权、采矿权、取水权和使用水域、滩涂从事养殖、捕捞的权利受法律保护。

第十一章 土地承包经营权

第一百二十四条 农村集体经济组织实行家庭承包经营为基础、统分结合的双层经营体制。

农民集体所有和国家所有由农民集体使用的耕地、林地、草地以及其他用于农业的土地，依法实行土地承包经营制度。

第一百二十五条 土地承包经营权人依法对其承包经营的耕地、林地、草地等享有占有、使用和收益的权利，有权从事种植业、林业、畜牧业等农业生产。

第一百二十六条 耕地的承包期为三十年。草地的承包期为三十年至五十年。林地的承包期为三十年至七十年；特殊林木的林地承包期，经国务院林业行政主管部门批准可以延长。

前款规定的承包期届满，由土地承包经营权人按照国家有关规定继续承包。

第一百二十七条 土地承包经营权自土地承包经营权合同生效时设立。

县级以上地方人民政府应当向土地承包经营权人发放土地承包经营权证、林权证、草原使用权证，并登记造册，确认土地承包经营权。

第一百二十八条 土地承包经营权人依照农村土地承包法的规定，有权将土地承包经营权采取转包、互换、转让等方式流转。流转的期限不得超过承包期的剩余期限。未经依法批准，不得将承包地用于非农建设。

第一百二十九条 土地承包经营权人将土地承包经营权互换、转让，当事人要求登记的，应当向县级以上地方人民政府申请土地承包经营权变更登记；未经登记，不得对抗善意第三人。

第一百三十条　承包期内发包人不得调整承包地。

因自然灾害严重毁损承包地等特殊情形，需要适当调整承包的耕地和草地的，应当依照农村土地承包法等法律规定办理。

第一百三十一条　承包期内发包人不得收回承包地。农村土地承包法等法律另有规定的，依照其规定。

第一百三十二条　承包地被征收的，土地承包经营权人有权依照本法第四十二条第二款的规定获得相应补偿。

第一百三十三条　通过招标、拍卖、公开协商等方式承包荒地等农村土地，依照农村土地承包法等法律和国务院的有关规定，其土地承包经营权可以转让、入股、抵押或者以其他方式流转。

第一百三十四条　国家所有的农用地实行承包经营的，参照本法的有关规定。

第十二章　建设用地使用权

第一百三十五条　建设用地使用权人依法对国家所有的土地享有占有、使用和收益的权利，有权利用该土地建造建筑物、构筑物及其附属设施。

第一百三十六条　建设用地使用权可以在土地的地表、地上或者地下分别设立。新设立的建设用地使用权，不得损害已设立的用益物权。

第一百三十七条　设立建设用地使用权，可以采取出让或者划拨等方式。

工业、商业、旅游、娱乐和商品住宅等经营性用地以及同一土地有两个以上意向用地者的，应当采取招标、拍卖等公开竞价的方式出让。

严格限制以划拨方式设立建设用地使用权。采取划拨方式的，应当遵守法律、行政法规关于土地用途的规定。

第一百三十八条　采取招标、拍卖、协议等出让方式设立建设用地使用权的，当事人应当采取书面形式订立建设用地使用权出让合同。

建设用地使用权出让合同一般包括下列条款：

（一）当事人的名称和住所；

（二）土地界址、面积等；

（三）建筑物、构筑物及其附属设施占用的空间；

（四）土地用途；

（五）使用期限；

（六）出让金等费用及其支付方式；

（七）解决争议的方法。

第一百三十九条　设立建设用地使用权的，应当向登记机构申请建设用地使用权登记。建设用地使用权自登记时设立。登记机构应当向建设用地使用权人发放建设用地使用权证书。

第一百四十条　建设用地使用权人应当合理利用土地，不得改变土地用途；需要改变土地用途的，应当依法经有关行政主管部门批准。

第一百四十一条 建设用地使用权人应当依照法律规定以及合同约定支付出让金等费用。

第一百四十二条 建设用地使用权人建造的建筑物、构筑物及其附属设施的所有权属于建设用地使用权人，但有相反证据证明的除外。

第一百四十三条 建设用地使用权人有权将建设用地使用权转让、互换、出资、赠与或者抵押，但法律另有规定的除外。

第一百四十四条 建设用地使用权转让、互换、出资、赠与或者抵押的，当事人应当采取书面形式订立相应的合同。使用期限由当事人约定，但不得超过建设用地使用权的剩余期限。

第一百四十五条 建设用地使用权转让、互换、出资或者赠与的，应当向登记机构申请变更登记。

第一百四十六条 建设用地使用权转让、互换、出资或者赠与的，附着于该土地上的建筑物、构筑物及其附属设施一并处分。

第一百四十七条 建筑物、构筑物及其附属设施转让、互换、出资或者赠与的，该建筑物、构筑物及其附属设施占用范围内的建设用地使用权一并处分。

第一百四十八条 建设用地使用权期间届满前，因公共利益需要提前收回该土地的，应当依照本法第四十二条的规定对该土地上的房屋及其他不动产给予补偿，并退还相应的出让金。

第一百四十九条 住宅建设用地使用权期间届满的，自动续期。

非住宅建设用地使用权期间届满后的续期，依照法律规定办理。该土地上的房屋及其他不动产的归属，有约定的，按照约定；没有约定或者约定不明确的，依照法律、行政法规的规定办理。

第一百五十条 建设用地使用权消灭的，出让人应当及时办理注销登记。登记机构应当收回建设用地使用权证书。

第一百五十一条 集体所有的土地作为建设用地的，应当依照土地管理法等法律规定办理。

第十三章 宅基地使用权

第一百五十二条 宅基地使用权人依法对集体所有的土地享有占有和使用的权利，有权依法利用该土地建造住宅及其附属设施。

第一百五十三条 宅基地使用权的取得、行使和转让，适用土地管理法等法律和国家有关规定。

第一百五十四条 宅基地因自然灾害等原因灭失的，宅基地使用权消灭。对失去宅基地的村民，应当重新分配宅基地。

第一百五十五条 已经登记的宅基地使用权转让或者消灭的，应当及时办理变更登记或者注销登记。

第十四章 地 役 权

第一百五十六条 地役权人有权按照合同约定，利用他人的不动产，以提高自己的不动产的效益。

前款所称他人的不动产为供役地，自己的不动产为需役地。

第一百五十七条　设立地役权，当事人应当采取书面形式订立地役权合同。

地役权合同一般包括下列条款：

（一）当事人的姓名或者名称和住所；

（二）供役地和需役地的位置；

（三）利用目的和方法；

（四）利用期限；

（五）费用及其支付方式；

（六）解决争议的方法。

第一百五十八条　地役权自地役权合同生效时设立。当事人要求登记的，可以向登记机构申请地役权登记；未经登记，不得对抗善意第三人。

第一百五十九条　供役地权利人应当按照合同约定，允许地役权人利用其土地，不得妨害地役权人行使权利。

第一百六十条　地役权人应当按照合同约定的利用目的和方法利用供役地，尽量减少对供役地权利人物权的限制。

第一百六十一条　地役权的期限由当事人约定，但不得超过土地承包经营权、建设用地使用权等用益物权的剩余期限。

第一百六十二条　土地所有权人享有地役权或者负担地役权的，设立土地承包经营权、宅基地使用权时，该土地承包经营权人、宅基地使用权人继续享有或者负担已设立的地役权。

第一百六十三条　土地上已设立土地承包经营权、建设用地使用权、宅基地使用权等权利的，未经用益物权人同意，土地所有权人不得设立地役权。

第一百六十四条　地役权不得单独转让。土地承包经营权、建设用地使用权等转让的，地役权一并转让，但合同另有约定的除外。

第一百六十五条　地役权不得单独抵押。土地承包经营权、建设用地使用权等抵押的，在实现抵押权时，地役权一并转让。

第一百六十六条　需役地以及需役地上的土地承包经营权、建设用地使用权部分转让时，转让部分涉及地役权的，受让人同时享有地役权。

第一百六十七条　供役地以及供役地上的土地承包经营权、建设用地使用权部分转让时，转让部分涉及地役权的，地役权对受让人具有约束力。

第一百六十八条　地役权人有下列情形之一的，供役地权利人有权解除地役权合同，地役权消灭：

（一）违反法律规定或者合同约定，滥用地役权；

（二）有偿利用供役地，约定的付款期间届满后在合理期限内经两次催告未支付费用。

第一百六十九条　已经登记的地役权变更、转让或者消灭的，应当及时办理变更登记或者注销登记。

第四编 担保物权

第十五章 一般规定

第一百七十条 担保物权人在债务人不履行到期债务或者发生当事人约定的实现担保物权的情形，依法享有就担保财产优先受偿的权利，但法律另有规定的除外。

第一百七十一条 债权人在借贷、买卖等民事活动中，为保障实现其债权，需要担保的，可以依照本法和其他法律的规定设立担保物权。

第三人为债务人向债权人提供担保的，可以要求债务人提供反担保。反担保适用本法和其他法律的规定。

第一百七十二条 设立担保物权，应当依照本法和其他法律的规定订立担保合同。担保合同是主债权债务合同的从合同。主债权债务合同无效，担保合同无效，但法律另有规定的除外。

担保合同被确认无效后，债务人、担保人、债权人有过错的，应当根据其过错各自承担相应的民事责任。

第一百七十三条 担保物权的担保范围包括主债权及其利息、违约金、损害赔偿金、保管担保财产和实现担保物权的费用。当事人另有约定的，按照约定。

第一百七十四条 担保期间，担保财产毁损、灭失或者被征收等，担保物权人可以就获得的保险金、赔偿金或者补偿金等优先受偿。被担保债权的履行期未届满的，也可以提存该保险金、赔偿金或者补偿金等。

第一百七十五条 第三人提供担保，未经其书面同意，债权人允许债务人转移全部或者部分债务的，担保人不再承担相应的担保责任。

第一百七十六条 被担保的债权既有物的担保又有人的担保的，债务人不履行到期债务或者发生当事人约定的实现担保物权的情形，债权人应当按照约定实现债权；没有约定或者约定不明确，债务人自己提供物的担保的，债权人应当先就该物的担保实现债权；第三人提供物的担保的，债权人可以就物的担保实现债权，也可以要求保证人承担保证责任。提供担保的第三人承担担保责任后，有权向债务人追偿。

第一百七十七条 有下列情形之一的，担保物权消灭：

（一）主债权消灭；

（二）担保物权实现；

（三）债权人放弃担保物权；

（四）法律规定担保物权消灭的其他情形。

第一百七十八条 担保法与本法的规定不一致的，适用本法。

第十六章 抵押权

第一节 一般抵押权

第一百七十九条 为担保债务的履行，债务人或者第三人不转移财产的占有，将该财产抵押给债权人的，债务人不履行到期债务或者发生当事人约定的实现抵押权的情形，债权人有权就该财产优先受偿。

前款规定的债务人或者第三人为抵押人，债权人为抵押权人，提供担保的财产为抵押财产。

第一百八十条　债务人或者第三人有权处分的下列财产可以抵押：

（一）建筑物和其他土地附着物；

（二）建设用地使用权；

（三）以招标、拍卖、公开协商等方式取得的荒地等土地承包经营权；

（四）生产设备、原材料、半成品、产品；

（五）正在建造的建筑物、船舶、航空器；

（六）交通运输工具；

（七）法律、行政法规未禁止抵押的其他财产。

抵押人可以将前款所列财产一并抵押。

第一百八十一条　经当事人书面协议，企业、个体工商户、农业生产经营者可以将现有的以及将有的生产设备、原材料、半成品、产品抵押，债务人不履行到期债务或者发生当事人约定的实现抵押权的情形，债权人有权就实现抵押权时的动产优先受偿。

第一百八十二条　以建筑物抵押的，该建筑物占用范围内的建设用地使用权一并抵押。以建设用地使用权抵押的，该土地上的建筑物一并抵押。

抵押人未依照前款规定一并抵押的，未抵押的财产视为一并抵押。

第一百八十三条　乡镇、村企业的建设用地使用权不得单独抵押。以乡镇、村企业的厂房等建筑物抵押的，其占用范围内的建设用地使用权一并抵押。

第一百八十四条　下列财产不得抵押：

（一）土地所有权；

（二）耕地、宅基地、自留地、自留山等集体所有的土地使用权，但法律规定可以抵押的除外；

（三）学校、幼儿园、医院等以公益为目的的事业单位、社会团体的教育设施、医疗卫生设施和其他社会公益设施；

（四）所有权、使用权不明或者有争议的财产；

（五）依法被查封、扣押、监管的财产；

（六）法律、行政法规规定不得抵押的其他财产。

第一百八十五条　设立抵押权，当事人应当采取书面形式订立抵押合同。

抵押合同一般包括下列条款：

（一）被担保债权的种类和数额；

（二）债务人履行债务的期限；

（三）抵押财产的名称、数量、质量、状况、所在地、所有权归属或者使用权归属；

（四）担保的范围。

第一百八十六条　抵押权人在债务履行期届满前，不得与抵押人约定债务人不履行到期债务时抵押财产归债权人所有。

第一百八十七条　以本法第一百八十条第一款第一项至第三项规定的财产或者第五项规定的正在建造的建筑物抵押的，应当办理抵押登记。抵押权自登记时设立。

第一百八十八条 以本法第一百八十条第一款第四项、第六项规定的财产或者第五项规定的正在建造的船舶、航空器抵押的，抵押权自抵押合同生效时设立；未经登记，不得对抗善意第三人。

第一百八十九条 企业、个体工商户、农业生产经营者以本法第一百八十一条规定的动产抵押的，应当向抵押人住所地的工商行政管理部门办理登记。抵押权自抵押合同生效时设立；未经登记，不得对抗善意第三人。

依照本法第一百八十一条规定抵押的，不得对抗正常经营活动中已支付合理价款并取得抵押财产的买受人。

第一百九十条 订立抵押合同前抵押财产已出租的，原租赁关系不受该抵押权的影响。抵押权设立后抵押财产出租的，该租赁关系不得对抗已登记的抵押权。

第一百九十一条 抵押期间，抵押人经抵押权人同意转让抵押财产的，应当将转让所得的价款向抵押权人提前清偿债务或者提存。转让的价款超过债权数额的部分归抵押人所有，不足部分由债务人清偿。

抵押期间，抵押人未经抵押权人同意，不得转让抵押财产，但受让人代为清偿债务消灭抵押权的除外。

第一百九十二条 抵押权不得与债权分离而单独转让或者作为其他债权的担保。债权转让的，担保该债权的抵押权一并转让，但法律另有规定或者当事人另有约定的除外。

第一百九十三条 抵押人的行为足以使抵押财产价值减少的，抵押权人有权要求抵押人停止其行为。抵押财产价值减少的，抵押权人有权要求恢复抵押财产的价值，或者提供与减少的价值相应的担保。抵押人不恢复抵押财产的价值也不提供担保的，抵押权人有权要求债务人提前清偿债务。

第一百九十四条 抵押权人可以放弃抵押权或者抵押权的顺位。抵押权人与抵押人可以协议变更抵押权顺位以及被担保的债权数额等内容，但抵押权的变更，未经其他抵押权人书面同意，不得对其他抵押权人产生不利影响。

债务人以自己的财产设定抵押，抵押权人放弃该抵押权、抵押权顺位或者变更抵押权的，其他担保人在抵押权人丧失优先受偿权益的范围内免除担保责任，但其他担保人承诺仍然提供担保的除外。

第一百九十五条 债务人不履行到期债务或者发生当事人约定的实现抵押权的情形，抵押权人可以与抵押人协议以抵押财产折价或者以拍卖、变卖该抵押财产所得的价款优先受偿。协议损害其他债权人利益的，其他债权人可以在知道或者应当知道撤销事由之日起一年内请求人民法院撤销该协议。

抵押权人与抵押人未就抵押权实现方式达成协议的，抵押权人可以请求人民法院拍卖、变卖抵押财产。

抵押财产折价或者变卖的，应当参照市场价格。

第一百九十六条 依照本法第一百八十一条规定设定抵押的，抵押财产自下列情形之一发生时确定：

（一）债务履行期届满，债权未实现；

（二）抵押人被宣告破产或者被撤销；

（三）当事人约定的实现抵押权的情形；

（四）严重影响债权实现的其他情形。

第一百九十七条　债务人不履行到期债务或者发生当事人约定的实现抵押权的情形，致使抵押财产被人民法院依法扣押的，自扣押之日起抵押权人有权收取该抵押财产的天然孳息或者法定孳息，但抵押权人未通知应当清偿法定孳息的义务人的除外。

前款规定的孳息应当先充抵收取孳息的费用。

第一百九十八条　抵押财产折价或者拍卖、变卖后，其价款超过债权数额的部分归抵押人所有，不足部分由债务人清偿。

第一百九十九条　同一财产向两个以上债权人抵押的，拍卖、变卖抵押财产所得的价款依照下列规定清偿：

（一）抵押权已登记的，按照登记的先后顺序清偿；顺序相同的，按照债权比例清偿；

（二）抵押权已登记的先于未登记的受偿；

（三）抵押权未登记的，按照债权比例清偿。

第二百条　建设用地使用权抵押后，该土地上新增的建筑物不属于抵押财产。该建设用地使用权实现抵押权时，应当将该土地上新增的建筑物与建设用地使用权一并处分，但新增建筑物所得的价款，抵押权人无权优先受偿。

第二百零一条　依照本法第一百八十条第一款第三项规定的土地承包经营权抵押的，或者依照本法第一百八十三条规定以乡镇、村企业的厂房等建筑物占用范围内的建设用地使用权一并抵押的，实现抵押权后，未经法定程序，不得改变土地所有权的性质和土地用途。

第二百零二条　抵押权人应当在主债权诉讼时效期间行使抵押权；未行使的，人民法院不予保护。

第二节　最高额抵押权

第二百零三条　为担保债务的履行，债务人或者第三人对一定期间内将要连续发生的债权提供担保财产的，债务人不履行到期债务或者发生当事人约定的实现抵押权的情形，抵押权人有权在最高债权额限度内就该担保财产优先受偿。

最高额抵押权设立前已经存在的债权，经当事人同意，可以转入最高额抵押担保的债权范围。

第二百零四条　最高额抵押担保的债权确定前，部分债权转让的，最高额抵押权不得转让，但当事人另有约定的除外。

第二百零五条　最高额抵押担保的债权确定前，抵押权人与抵押人可以通过协议变更债权确定的期间、债权范围以及最高债权额，但变更的内容不得对其他抵押权人产生不利影响。

第二百零六条　有下列情形之一的，抵押权人的债权确定：

（一）约定的债权确定期间届满；

（二）没有约定债权确定期间或者约定不明确，抵押权人或者抵押人自最高额抵押权设立之日起满二年后请求确定债权；

（三）新的债权不可能发生；

（四）抵押财产被查封、扣押；

（五）债务人、抵押人被宣告破产或者被撤销；

（六）法律规定债权确定的其他情形。

第二百零七条 最高额抵押权除适用本节规定外，适用本章第一节一般抵押权的规定。

第十七章 质 权

第一节 动 产 质 权

第二百零八条 为担保债务的履行，债务人或者第三人将其动产出质给债权人占有的，债务人不履行到期债务或者发生当事人约定的实现质权的情形，债权人有权就该动产优先受偿。

前款规定的债务人或者第三人为出质人，债权人为质权人，交付的动产为质押财产。

第二百零九条 法律、行政法规禁止转让的动产不得出质。

第二百一十条 设立质权，当事人应当采取书面形式订立质权合同。

质权合同一般包括下列条款：

（一）被担保债权的种类和数额；

（二）债务人履行债务的期限；

（三）质押财产的名称、数量、质量、状况；

（四）担保的范围；

（五）质押财产交付的时间。

第二百一十一条 质权人在债务履行期届满前，不得与出质人约定债务人不履行到期债务时质押财产归债权人所有。

第二百一十二条 质权自出质人交付质押财产时设立。

第二百一十三条 质权人有权收取质押财产的孳息，但合同另有约定的除外。

前款规定的孳息应当先充抵收取孳息的费用。

第二百一十四条 质权人在质权存续期间，未经出质人同意，擅自使用、处分质押财产，给出质人造成损害的，应当承担赔偿责任。

第二百一十五条 质权人负有妥善保管质押财产的义务；因保管不善致使质押财产毁损、灭失的，应当承担赔偿责任。

质权人的行为可能使质押财产毁损、灭失的，出质人可以要求质权人将质押财产提存，或者要求提前清偿债务并返还质押财产。

第二百一十六条 因不能归责于质权人的事由可能使质押财产毁损或者价值明显减少，足以危害质权人权利的，质权人有权要求出质人提供相应的担保；出质人不提供的，质权人可以拍卖、变卖质押财产，并与出质人通过协议将拍卖、变卖所得的价款提前清偿债务或者提存。

第二百一十七条 质权人在质权存续期间，未经出质人同意转质，造成质押财产毁损、灭失的，应当向出质人承担赔偿责任。

第二百一十八条 质权人可以放弃质权。债务人以自己的财产出质，质权人放弃该质权的，其他担保人在质权人丧失优先受偿权益的范围内免除担保责任，但其他担保人承诺仍然提供担保的除外。

第二百一十九条　债务人履行债务或者出质人提前清偿所担保的债权的，质权人应当返还质押财产。

债务人不履行到期债务或者发生当事人约定的实现质权的情形，质权人可以与出质人协议以质押财产折价，也可以就拍卖、变卖质押财产所得的价款优先受偿。

质押财产折价或者变卖的，应当参照市场价格。

第二百二十条　出质人可以请求质权人在债务履行期届满后及时行使质权；质权人不行使的，出质人可以请求人民法院拍卖、变卖质押财产。

出质人请求质权人及时行使质权，因质权人怠于行使权利造成损害的，由质权人承担赔偿责任。

第二百二十一条　质押财产折价或者拍卖、变卖后，其价款超过债权数额的部分归出质人所有，不足部分由债务人清偿。

第二百二十二条　出质人与质权人可以协议设立最高额质权。

最高额质权除适用本节有关规定外，参照本法第十六章第二节最高额抵押权的规定。

第二节　权 利 质 权

第二百二十三条　债务人或者第三人有权处分的下列权利可以出质：

（一）汇票、支票、本票；

（二）债券、存款单；

（三）仓单、提单；

（四）可以转让的基金份额、股权；

（五）可以转让的注册商标专用权、专利权、著作权等知识产权中的财产权；

（六）应收账款；

（七）法律、行政法规规定可以出质的其他财产权利。

第二百二十四条　以汇票、支票、本票、债券、存款单、仓单、提单出质的，当事人应当订立书面合同。质权自权利凭证交付质权人时设立；没有权利凭证的，质权自有关部门办理出质登记时设立。

第二百二十五条　汇票、支票、本票、债券、存款单、仓单、提单的兑现日期或者提货日期先于主债权到期的，质权人可以兑现或者提货，并与出质人协议将兑现的价款或者提取的货物提前清偿债务或者提存。

第二百二十六条　以基金份额、股权出质的，当事人应当订立书面合同。以基金份额、证券登记结算机构登记的股权出质的，质权自证券登记结算机构办理出质登记时设立；以其他股权出质的，质权自工商行政管理部门办理出质登记时设立。

基金份额、股权出质后，不得转让，但经出质人与质权人协商同意的除外。出质人转让基金份额、股权所得的价款，应当向质权人提前清偿债务或者提存。

第二百二十七条　以注册商标专用权、专利权、著作权等知识产权中的财产权出质的，当事人应当订立书面合同。质权自有关主管部门办理出质登记时设立。

知识产权中的财产权出质后，出质人不得转让或者许可他人使用，但经出质人与质权人协商同意的除外。出质人转让或者许可他人使用出质的知识产权中的财产权所得的价款，应当向质权人提前清偿债务或者提存。

第二百二十八条 以应收账款出质的，当事人应当订立书面合同。质权自信贷征信机构办理出质登记时设立。

应收账款出质后，不得转让，但经出质人与质权人协商同意的除外。出质人转让应收账款所得的价款，应当向质权人提前清偿债务或者提存。

第二百二十九条 权利质权除适用本节规定外，适用本章第一节动产质权的规定。

第十八章 留 置 权

第二百三十条 债务人不履行到期债务，债权人可以留置已经合法占有的债务人的动产，并有权就该动产优先受偿。

前款规定的债权人为留置权人，占有的动产为留置财产。

第二百三十一条 债权人留置的动产，应当与债权属于同一法律关系，但企业之间留置的除外。

第二百三十二条 法律规定或者当事人约定不得留置的动产，不得留置。

第二百三十三条 留置财产为可分物的，留置财产的价值应当相当于债务的金额。

第二百三十四条 留置权人负有妥善保管留置财产的义务；因保管不善致使留置财产毁损、灭失的，应当承担赔偿责任。

第二百三十五条 留置权人有权收取留置财产的孳息。

前款规定的孳息应当先充抵收取孳息的费用。

第二百三十六条 留置权人与债务人应当约定留置财产后的债务履行期间；没有约定或者约定不明确的，留置权人应当给债务人两个月以上履行债务的期间，但鲜活易腐等不易保管的动产除外。债务人逾期未履行的，留置权人可以与债务人协议以留置财产折价，也可以就拍卖、变卖留置财产所得的价款优先受偿。

留置财产折价或者变卖的，应当参照市场价格。

第二百三十七条 债务人可以请求留置权人在债务履行期届满后行使留置权；留置权人不行使的，债务人可以请求人民法院拍卖、变卖留置财产。

第二百三十八条 留置财产折价或者拍卖、变卖后，其价款超过债权数额的部分归债务人所有，不足部分由债务人清偿。

第二百三十九条 同一动产上已设立抵押权或者质权，该动产又被留置的，留置权人优先受偿。

第二百四十条 留置权人对留置财产丧失占有或者留置权人接受债务人另行提供担保的，留置权消灭。

第五编 占 有

第十九章 占 有

第二百四十一条 基于合同关系等产生的占有，有关不动产或者动产的使用、收益、违约责任等，按照合同约定；合同没有约定或者约定不明确的，依照有关法律规定。

第二百四十二条　占有人因使用占有的不动产或者动产，致使该不动产或者动产受到损害的，恶意占有人应当承担赔偿责任。

第二百四十三条　不动产或者动产被占有人占有的，权利人可以请求返还原物及其孳息，但应当支付善意占有人因维护该不动产或者动产支出的必要费用。

第二百四十四条　占有的不动产或者动产毁损、灭失，该不动产或者动产的权利人请求赔偿的，占有人应当将因毁损、灭失取得的保险金、赔偿金或者补偿金等返还给权利人；权利人的损害未得到足够弥补的，恶意占有人还应当赔偿损失。

第二百四十五条　占有的不动产或者动产被侵占的，占有人有权请求返还原物；对妨害占有的行为，占有人有权请求排除妨害或者消除危险；因侵占或者妨害造成损害的，占有人有权请求损害赔偿。

占有人返还原物的请求权，自侵占发生之日起一年内未行使的，该请求权消灭。

附　则

第二百四十六条　法律、行政法规对不动产统一登记的范围、登记机构和登记办法作出规定前，地方性法规可以依照本法有关规定作出规定。

第二百四十七条　本法自 2007 年 10 月 1 日起施行。

中华人民共和国劳动合同法

（2007年6月29日中华人民共和国主席令第六十五号公布）

第一章 总 则

第一条 为了完善劳动合同制度，明确劳动合同双方当事人的权利和义务，保护劳动者的合法权益，构建和发展和谐稳定的劳动关系，制定本法。

第二条 中华人民共和国境内的企业、个体经济组织、民办非企业单位等组织（以下称用人单位）与劳动者建立劳动关系，订立、履行、变更、解除或者终止劳动合同，适用本法。

国家机关、事业单位、社会团体和与其建立劳动关系的劳动者，订立、履行、变更、解除或者终止劳动合同，依照本法执行。

第三条 订立劳动合同，应当遵循合法、公平、平等自愿、协商一致、诚实信用的原则。

依法订立的劳动合同具有约束力，用人单位与劳动者应当履行劳动合同约定的义务。

第四条 用人单位应当依法建立和完善劳动规章制度，保障劳动者享有劳动权利、履行劳动义务。

用人单位在制定、修改或者决定有关劳动报酬、工作时间、休息休假、劳动安全卫生、保险福利、职工培训、劳动纪律以及劳动定额管理等直接涉及劳动者切身利益的规章制度或者重大事项时，应当经职工代表大会或者全体职工讨论，提出方案和意见，与工会或者职工代表平等协商确定。

在规章制度和重大事项决定实施过程中，工会或者职工认为不适当的，有权向用人单位提出，通过协商予以修改完善。

用人单位应当将直接涉及劳动者切身利益的规章制度和重大事项决定公示，或者告知劳动者。

第五条 县级以上人民政府劳动行政部门会同工会和企业方面代表，建立健全协调劳动关系三方机制，共同研究解决有关劳动关系的重大问题。

第六条 工会应当帮助、指导劳动者与用人单位依法订立和履行劳动合同，并与用人单位建立集体协商机制，维护劳动者的合法权益。

第二章 劳动合同的订立

第七条 用人单位自用工之日起即与劳动者建立劳动关系。用人单位应当建立职工名册备查。

第八条　用人单位招用劳动者时，应当如实告知劳动者工作内容、工作条件、工作地点、职业危害、安全生产状况、劳动报酬，以及劳动者要求了解的其他情况；用人单位有权了解劳动者与劳动合同直接相关的基本情况，劳动者应当如实说明。

第九条　用人单位招用劳动者，不得扣押劳动者的居民身份证和其他证件，不得要求劳动者提供担保或者以其他名义向劳动者收取财物。

第十条　建立劳动关系，应当订立书面劳动合同。

已建立劳动关系，未同时订立书面劳动合同的，应当自用工之日起一个月内订立书面劳动合同。

用人单位与劳动者在用工前订立劳动合同的，劳动关系自用工之日起建立。

第十一条　用人单位未在用工的同时订立书面劳动合同，与劳动者约定的劳动报酬不明确的，新招用的劳动者的劳动报酬按照集体合同规定的标准执行；没有集体合同或者集体合同未规定的，实行同工同酬。

第十二条　劳动合同分为固定期限劳动合同、无固定期限劳动合同和以完成一定工作任务为期限的劳动合同。

第十三条　固定期限劳动合同，是指用人单位与劳动者约定合同终止时间的劳动合同。

用人单位与劳动者协商一致，可以订立固定期限劳动合同。

第十四条　无固定期限劳动合同，是指用人单位与劳动者约定无确定终止时间的劳动合同。

用人单位与劳动者协商一致，可以订立无固定期限劳动合同。有下列情形之一，劳动者提出或者同意续订、订立劳动合同的，除劳动者提出订立固定期限劳动合同外，应当订立无固定期限劳动合同：

（一）劳动者在该用人单位连续工作满十年的；

（二）用人单位初次实行劳动合同制度或者国有企业改制重新订立劳动合同时，劳动者在该用人单位连续工作满十年且距法定退休年龄不足十年的；

（三）连续订立二次固定期限劳动合同，且劳动者没有本法第三十九条和第四十条第一项、第二项规定的情形，续订劳动合同的。

用人单位自用工之日起满一年不与劳动者订立书面劳动合同的，视为用人单位与劳动者已订立无固定期限劳动合同。

第十五条　以完成一定工作任务为期限的劳动合同，是指用人单位与劳动者约定以某项工作的完成为合同期限的劳动合同。

用人单位与劳动者协商一致，可以订立以完成一定工作任务为期限的劳动合同。

第十六条　劳动合同由用人单位与劳动者协商一致，并经用人单位与劳动者在劳动合同文本上签字或者盖章生效。

劳动合同文本由用人单位和劳动者各执一份。

第十七条　劳动合同应当具备以下条款：

（一）用人单位的名称、住所和法定代表人或者主要负责人；

（二）劳动者的姓名、住址和居民身份证或者其他有效身份证件号码；

（三）劳动合同期限；

（四）工作内容和工作地点；

（五）工作时间和休息休假；

（六）劳动报酬；

（七）社会保险；

（八）劳动保护、劳动条件和职业危害防护；

（九）法律、法规规定应当纳入劳动合同的其他事项。

劳动合同除前款规定的必备条款外，用人单位与劳动者可以约定试用期、培训、保守秘密、补充保险和福利待遇等其他事项。

第十八条 劳动合同对劳动报酬和劳动条件等标准约定不明确，引发争议的，用人单位与劳动者可以重新协商；协商不成的，适用集体合同规定；没有集体合同或者集体合同未规定劳动报酬的，实行同工同酬；没有集体合同或者集体合同未规定劳动条件等标准的，适用国家有关规定。

第十九条 劳动合同期限三个月以上不满一年的，试用期不得超过一个月；劳动合同期限一年以上不满三年的，试用期不得超过二个月；三年以上固定期限和无固定期限的劳动合同，试用期不得超过六个月。

同一用人单位与同一劳动者只能约定一次试用期。

以完成一定工作任务为期限的劳动合同或者劳动合同期限不满三个月的，不得约定试用期。

试用期包含在劳动合同期限内。劳动合同仅约定试用期的，试用期不成立，该期限为劳动合同期限。

第二十条 劳动者在试用期的工资不得低于本单位相同岗位最低档工资或者劳动合同约定工资的百分之八十，并不得低于用人单位所在地的最低工资标准。

第二十一条 在试用期中，除劳动者有本法第三十九条和第四十条第一项、第二项规定的情形外，用人单位不得解除劳动合同。用人单位在试用期解除劳动合同的，应当向劳动者说明理由。

第二十二条 用人单位为劳动者提供专项培训费用，对其进行专业技术培训的，可以与该劳动者订立协议，约定服务期。

劳动者违反服务期约定的，应当按照约定向用人单位支付违约金。违约金的数额不得超过用人单位提供的培训费用。用人单位要求劳动者支付的违约金不得超过服务期尚未履行部分所应分摊的培训费用。

用人单位与劳动者约定服务期的，不影响按照正常的工资调整机制提高劳动者在服务期期间的劳动报酬。

第二十三条 用人单位与劳动者可以在劳动合同中约定保守用人单位的商业秘密和与知识产权相关的保密事项。

对负有保密义务的劳动者，用人单位可以在劳动合同或者保密协议中与劳动者约定竞业限制条款，并约定在解除或者终止劳动合同后，在竞业限制期限内按月给予劳动者经济补偿。劳动者违反竞业限制约定的，应当按照约定向用人单位支付违约金。

第二十四条 竞业限制的人员限于用人单位的高级管理人员、高级技术人员和其他负有保密义务的人员。竞业限制的范围、地域、期限由用人单位与劳动者约定，竞业限制的约定不得违反法律、法规的规定。

在解除或者终止劳动合同后，前款规定的人员到与本单位生产或者经营同类产品、从事同类业务的有竞争关系的其他用人单位，或者自己开业生产或者经营同类产品、从事同类业务的竞业限制期限，不得超过二年。

第二十五条　除本法第二十二条和第二十三条规定的情形外，用人单位不得与劳动者约定由劳动者承担违约金。

第二十六条　下列劳动合同无效或者部分无效：

（一）以欺诈、胁迫的手段或者乘人之危，使对方在违背真实意思的情况下订立或者变更劳动合同的；

（二）用人单位免除自己的法定责任、排除劳动者权利的；

（三）违反法律、行政法规强制性规定的。

对劳动合同的无效或者部分无效有争议的，由劳动争议仲裁机构或者人民法院确认。

第二十七条　劳动合同部分无效，不影响其他部分效力的，其他部分仍然有效。

第二十八条　劳动合同被确认无效，劳动者已付出劳动的，用人单位应当向劳动者支付劳动报酬。劳动报酬的数额，参照本单位相同或者相近岗位劳动者的劳动报酬确定。

第三章　劳动合同的履行和变更

第二十九条　用人单位与劳动者应当按照劳动合同的约定，全面履行各自的义务。

第三十条　用人单位应当按照劳动合同约定和国家规定，向劳动者及时足额支付劳动报酬。

用人单位拖欠或者未足额支付劳动报酬的，劳动者可以依法向当地人民法院申请支付令，人民法院应当依法发出支付令。

第三十一条　用人单位应当严格执行劳动定额标准，不得强迫或者变相强迫劳动者加班。用人单位安排加班的，应当按照国家有关规定向劳动者支付加班费。

第三十二条　劳动者拒绝用人单位管理人员违章指挥、强令冒险作业的，不视为违反劳动合同。

劳动者对危害生命安全和身体健康的劳动条件，有权对用人单位提出批评、检举和控告。

第三十三条　用人单位变更名称、法定代表人、主要负责人或者投资人等事项，不影响劳动合同的履行。

第三十四条　用人单位发生合并或者分立等情况，原劳动合同继续有效，劳动合同由承继其权利和义务的用人单位继续履行。

第三十五条　用人单位与劳动者协商一致，可以变更劳动合同约定的内容。变更劳动合同，应当采用书面形式。

变更后的劳动合同文本由用人单位和劳动者各执一份。

第四章　劳动合同的解除和终止

第三十六条　用人单位与劳动者协商一致，可以解除劳动合同。

第三十七条　劳动者提前三十日以书面形式通知用人单位，可以解除劳动合同。劳动者在试用期内提前三日通知用人单位，可以解除劳动合同。

第三十八条 用人单位有下列情形之一的，劳动者可以解除劳动合同：

（一）未按照劳动合同约定提供劳动保护或者劳动条件的；

（二）未及时足额支付劳动报酬的；

（三）未依法为劳动者缴纳社会保险费的；

（四）用人单位的规章制度违反法律、法规的规定，损害劳动者权益的；

（五）因本法第二十六条第一款规定的情形致使劳动合同无效的；

（六）法律、行政法规规定劳动者可以解除劳动合同的其他情形。

用人单位以暴力、威胁或者非法限制人身自由的手段强迫劳动者劳动的，或者用人单位违章指挥、强令冒险作业危及劳动者人身安全的，劳动者可以立即解除劳动合同，不需事先告知用人单位。

第三十九条 劳动者有下列情形之一的，用人单位可以解除劳动合同：

（一）在试用期间被证明不符合录用条件的；

（二）严重违反用人单位的规章制度的；

（三）严重失职，营私舞弊，给用人单位造成重大损害的；

（四）劳动者同时与其他用人单位建立劳动关系，对完成本单位的工作任务造成严重影响，或者经用人单位提出，拒不改正的；

（五）因本法第二十六条第一款第一项规定的情形致使劳动合同无效的；

（六）被依法追究刑事责任的。

第四十条 有下列情形之一的，用人单位提前三十日以书面形式通知劳动者本人或者额外支付劳动者一个月工资后，可以解除劳动合同：

（一）劳动者患病或者非因工负伤，在规定的医疗期满后不能从事原工作，也不能从事由用人单位另行安排的工作的；

（二）劳动者不能胜任工作，经过培训或者调整工作岗位，仍不能胜任工作的；

（三）劳动合同订立时所依据的客观情况发生重大变化，致使劳动合同无法履行，经用人单位与劳动者协商，未能就变更劳动合同内容达成协议的。

第四十一条 有下列情形之一，需要裁减人员二十人以上或者裁减不足二十人但占企业职工总数百分之十以上的，用人单位提前三十日向工会或者全体职工说明情况，听取工会或者职工的意见后，裁减人员方案经向劳动行政部门报告，可以裁减人员：

（一）依照企业破产法规定进行重整的；

（二）生产经营发生严重困难的；

（三）企业转产、重大技术革新或者经营方式调整，经变更劳动合同后，仍需裁减人员的；

（四）其他因劳动合同订立时所依据的客观经济情况发生重大变化，致使劳动合同无法履行的。

裁减人员时，应当优先留用下列人员：

（一）与本单位订立较长期限的固定期限劳动合同的；

（二）与本单位订立无固定期限劳动合同的；

（三）家庭无其他就业人员，有需要扶养的老人或者未成年人的。

用人单位依照本条第一款规定裁减人员，在六个月内重新招用人员的，应当通知被裁减的人员，并在同等条件下优先招用被裁减的人员。

第四十二条　劳动者有下列情形之一的，用人单位不得依照本法第四十条、第四十一条的规定解除劳动合同：

（一）从事接触职业病危害作业的劳动者未进行离岗前职业健康检查，或者疑似职业病病人在诊断或者医学观察期间的；

（二）在本单位患职业病或者因工负伤并被确认丧失或者部分丧失劳动能力的；

（三）患病或者非因工负伤，在规定的医疗期内的；

（四）女职工在孕期、产期、哺乳期的；

（五）在本单位连续工作满十五年，且距法定退休年龄不足五年的；

（六）法律、行政法规规定的其他情形。

第四十三条　用人单位单方解除劳动合同，应当事先将理由通知工会。用人单位违反法律、行政法规规定或者劳动合同约定的，工会有权要求用人单位纠正。用人单位应当研究工会的意见，并将处理结果书面通知工会。

第四十四条　有下列情形之一的，劳动合同终止：

（一）劳动合同期满的；

（二）劳动者开始依法享受基本养老保险待遇的；

（三）劳动者死亡，或者被人民法院宣告死亡或者宣告失踪的；

（四）用人单位被依法宣告破产的；

（五）用人单位被吊销营业执照、责令关闭、撤销或者用人单位决定提前解散的；

（六）法律、行政法规规定的其他情形。

第四十五条　劳动合同期满，有本法第四十二条规定情形之一的，劳动合同应当续延至相应的情形消失时终止。但是，本法第四十二条第二项规定丧失或者部分丧失劳动能力劳动者的劳动合同的终止，按照国家有关工伤保险的规定执行。

第四十六条　有下列情形之一的，用人单位应当向劳动者支付经济补偿：

（一）劳动者依照本法第三十八条规定解除劳动合同的；

（二）用人单位依照本法第三十六条规定向劳动者提出解除劳动合同并与劳动者协商一致解除劳动合同的；

（三）用人单位依照本法第四十条规定解除劳动合同的；

（四）用人单位依照本法第四十一条第一款规定解除劳动合同的；

（五）除用人单位维持或者提高劳动合同约定条件续订劳动合同，劳动者不同意续订的情形外，依照本法第四十四条第一项规定终止固定期限劳动合同的；

（六）依照本法第四十四条第四项、第五项规定终止劳动合同的；

（七）法律、行政法规规定的其他情形。

第四十七条　经济补偿按劳动者在本单位工作的年限，每满一年支付一个月工资的标准向劳动者支付。六个月以上不满一年的，按一年计算；不满六个月的，向劳动者支付半个月工资的经济补偿。

劳动者月工资高于用人单位所在直辖市、设区的市级人民政府公布的本地区上年度职工月平均工资三倍的，向其支付经济补偿的标准按职工月平均工资三倍的数额支付，向其支付经济补偿的年限最高不超过十二年。

本条所称月工资是指劳动者在劳动合同解除或者终止前十二个月的平均工资。

第四十八条 用人单位违反本法规定解除或者终止劳动合同，劳动者要求继续履行劳动合同的，用人单位应当继续履行；劳动者不要求继续履行劳动合同或者劳动合同已经不能继续履行的，用人单位应当依照本法第八十七条规定支付赔偿金。

第四十九条 国家采取措施，建立健全劳动者社会保险关系跨地区转移接续制度。

第五十条 用人单位应当在解除或者终止劳动合同时出具解除或者终止劳动合同的证明，并在十五日内为劳动者办理档案和社会保险关系转移手续。

劳动者应当按照双方约定，办理工作交接。用人单位依照本法有关规定应当向劳动者支付经济补偿的，在办结工作交接时支付。

用人单位对已经解除或者终止的劳动合同的文本，至少保存二年备查。

第五章 特别规定

第一节 集体合同

第五十一条 企业职工一方与用人单位通过平等协商，可以就劳动报酬、工作时间、休息休假、劳动安全卫生、保险福利等事项订立集体合同。集体合同草案应当提交职工代表大会或者全体职工讨论通过。

集体合同由工会代表企业职工一方与用人单位订立；尚未建立工会的用人单位，由上级工会指导劳动者推举的代表与用人单位订立。

第五十二条 企业职工一方与用人单位可以订立劳动安全卫生、女职工权益保护、工资调整机制等专项集体合同。

第五十三条 在县级以下区域内，建筑业、采矿业、餐饮服务业等行业可以由工会与企业方面代表订立行业性集体合同，或者订立区域性集体合同。

第五十四条 集体合同订立后，应当报送劳动行政部门；劳动行政部门自收到集体合同文本之日起十五日内未提出异议的，集体合同即行生效。

依法订立的集体合同对用人单位和劳动者具有约束力。行业性、区域性集体合同对当地本行业、本区域的用人单位和劳动者具有约束力。

第五十五条 集体合同中劳动报酬和劳动条件等标准不得低于当地人民政府规定的最低标准；用人单位与劳动者订立的劳动合同中劳动报酬和劳动条件等标准不得低于集体合同规定的标准。

第五十六条 用人单位违反集体合同，侵犯职工劳动权益的，工会可以依法要求用人单位承担责任；因履行集体合同发生争议，经协商解决不成的，工会可以依法申请仲裁、提起诉讼。

第二节 劳务派遣

第五十七条 劳务派遣单位应当依照公司法的有关规定设立，注册资本不得少于五十万元。

第五十八条 劳务派遣单位是本法所称用人单位，应当履行用人单位对劳动者的义务。劳务派遣单位与被派遣劳动者订立的劳动合同，除应当载明本法第十七条规定的事项外，还应当载明被派遣劳动者的用工单位以及派遣期限、工作岗位等情况。

劳务派遣单位应当与被派遣劳动者订立二年以上的固定期限劳动合同，按月支付劳动报酬；被派遣劳动者在无工作期间，劳务派遣单位应当按照所在地人民政府规定的最低工资标准，向其按月支付报酬。

第五十九条　劳务派遣单位派遣劳动者应当与接受以劳务派遣形式用工的单位（以下称用工单位）订立劳务派遣协议。劳务派遣协议应当约定派遣岗位和人员数量、派遣期限、劳动报酬和社会保险费的数额与支付方式以及违反协议的责任。

用工单位应当根据工作岗位的实际需要与劳务派遣单位确定派遣期限，不得将连续用工期限分割订立数个短期劳务派遣协议。

第六十条　劳务派遣单位应当将劳务派遣协议的内容告知被派遣劳动者。

劳务派遣单位不得克扣用工单位按照劳务派遣协议支付给被派遣劳动者的劳动报酬。

劳务派遣单位和用工单位不得向被派遣劳动者收取费用。

第六十一条　劳务派遣单位跨地区派遣劳动者的，被派遣劳动者享有的劳动报酬和劳动条件，按照用工单位所在地的标准执行。

第六十二条　用工单位应当履行下列义务：

（一）执行国家劳动标准，提供相应的劳动条件和劳动保护；

（二）告知被派遣劳动者的工作要求和劳动报酬；

（三）支付加班费、绩效奖金，提供与工作岗位相关的福利待遇；

（四）对在岗被派遣劳动者进行工作岗位所必需的培训；

（五）连续用工的，实行正常的工资调整机制。

用工单位不得将被派遣劳动者再派遣到其他用人单位。

第六十三条　被派遣劳动者享有与用工单位的劳动者同工同酬的权利。用工单位无同类岗位劳动者的，参照用工单位所在地相同或者相近岗位劳动者的劳动报酬确定。

第六十四条　被派遣劳动者有权在劳务派遣单位或者用工单位依法参加或者组织工会，维护自身的合法权益。

第六十五条　被派遣劳动者可以依照本法第三十六条、第三十八条的规定与劳务派遣单位解除劳动合同。

被派遣劳动者有本法第三十九条和第四十条第一项、第二项规定情形的，用工单位可以将劳动者退回劳务派遣单位，劳务派遣单位依照本法有关规定，可以与劳动者解除劳动合同。

第六十六条　劳务派遣一般在临时性、辅助性或者替代性的工作岗位上实施。

第六十七条　用人单位不得设立劳务派遣单位向本单位或者所属单位派遣劳动者。

第三节　非全日制用工

第六十八条　非全日制用工，是指以小时计酬为主，劳动者在同一用人单位一般平均每日工作时间不超过四小时，每周工作时间累计不超过二十四小时的用工形式。

第六十九条　非全日制用工双方当事人可以订立口头协议。

从事非全日制用工的劳动者可以与一个或者一个以上用人单位订立劳动合同；但是，

后订立的劳动合同不得影响先订立的劳动合同的履行。

第七十条 非全日制用工双方当事人不得约定试用期。

第七十一条 非全日制用工双方当事人任何一方都可以随时通知对方终止用工。终止用工，用人单位不向劳动者支付经济补偿。

第七十二条 非全日制用工小时计酬标准不得低于用人单位所在地人民政府规定的最低小时工资标准。

非全日制用工劳动报酬结算支付周期最长不得超过十五日。

第六章 监督检查

第七十三条 国务院劳动行政部门负责全国劳动合同制度实施的监督管理。

县级以上地方人民政府劳动行政部门负责本行政区域内劳动合同制度实施的监督管理。

县级以上各级人民政府劳动行政部门在劳动合同制度实施的监督管理工作中，应当听取工会、企业方面代表以及有关行业主管部门的意见。

第七十四条 县级以上地方人民政府劳动行政部门依法对下列实施劳动合同制度的情况进行监督检查：

（一）用人单位制定直接涉及劳动者切身利益的规章制度及其执行的情况；

（二）用人单位与劳动者订立和解除劳动合同的情况；

（三）劳务派遣单位和用工单位遵守劳务派遣有关规定的情况；

（四）用人单位遵守国家关于劳动者工作时间和休息休假规定的情况；

（五）用人单位支付劳动合同约定的劳动报酬和执行最低工资标准的情况；

（六）用人单位参加各项社会保险和缴纳社会保险费的情况；

（七）法律、法规规定的其他劳动监察事项。

第七十五条 县级以上地方人民政府劳动行政部门实施监督检查时，有权查阅与劳动合同、集体合同有关的材料，有权对劳动场所进行实地检查，用人单位和劳动者都应当如实提供有关情况和材料。

劳动行政部门的工作人员进行监督检查，应当出示证件，依法行使职权，文明执法。

第七十六条 县级以上人民政府建设、卫生、安全生产监督管理等有关主管部门在各自职责范围内，对用人单位执行劳动合同制度的情况进行监督管理。

第七十七条 劳动者合法权益受到侵害的，有权要求有关部门依法处理，或者依法申请仲裁、提起诉讼。

第七十八条 工会依法维护劳动者的合法权益，对用人单位履行劳动合同、集体合同的情况进行监督。用人单位违反劳动法律、法规和劳动合同、集体合同的，工会有权提出意见或者要求纠正；劳动者申请仲裁、提起诉讼的，工会依法给予支持和帮助。

第七十九条 任何组织或者个人对违反本法的行为都有权举报，县级以上人民政府劳动行政部门应当及时核实、处理，并对举报有功人员给予奖励。

第七章 法律责任

第八十条 用人单位直接涉及劳动者切身利益的规章制度违反法律、法规规定的，由劳动行政部门责令改正，给予警告；给劳动者造成损害的，应当承担赔偿责任。

第八十一条　用人单位提供的劳动合同文本未载明本法规定的劳动合同必备条款或者用人单位未将劳动合同文本交付劳动者的，由劳动行政部门责令改正；给劳动者造成损害的，应当承担赔偿责任。

第八十二条　用人单位自用工之日起超过一个月不满一年未与劳动者订立书面劳动合同的，应当向劳动者每月支付二倍的工资。

用人单位违反本法规定不与劳动者订立无固定期限劳动合同的，自应当订立无固定期限劳动合同之日起向劳动者每月支付二倍的工资。

第八十三条　用人单位违反本法规定与劳动者约定试用期的，由劳动行政部门责令改正；违法约定的试用期已经履行的，由用人单位以劳动者试用期满月工资为标准，按已经履行的超过法定试用期的期间向劳动者支付赔偿金。

第八十四条　用人单位违反本法规定，扣押劳动者居民身份证等证件的，由劳动行政部门责令限期退还劳动者本人，并依照有关法律规定给予处罚。

用人单位违反本法规定，以担保或者其他名义向劳动者收取财物的，由劳动行政部门责令限期退还劳动者本人，并以每人五百元以上二千元以下的标准处以罚款；给劳动者造成损害的，应当承担赔偿责任。

劳动者依法解除或者终止劳动合同，用人单位扣押劳动者档案或者其他物品的，依照前款规定处罚。

第八十五条　用人单位有下列情形之一的，由劳动行政部门责令限期支付劳动报酬、加班费或者经济补偿；劳动报酬低于当地最低工资标准的，应当支付其差额部分；逾期不支付的，责令用人单位按应付金额百分之五十以上百分之一百以下的标准向劳动者加付赔偿金：

（一）未按照劳动合同的约定或者国家规定及时足额支付劳动者劳动报酬的；

（二）低于当地最低工资标准支付劳动者工资的；

（三）安排加班不支付加班费的；

（四）解除或者终止劳动合同，未依照本法规定向劳动者支付经济补偿的。

第八十六条　劳动合同依照本法第二十六条规定被确认无效，给对方造成损害的，有过错的一方应当承担赔偿责任。

第八十七条　用人单位违反本法规定解除或者终止劳动合同的，应当依照本法第四十七条规定的经济补偿标准的二倍向劳动者支付赔偿金。

第八十八条　用人单位有下列情形之一的，依法给予行政处罚；构成犯罪的，依法追究刑事责任；给劳动者造成损害的，应当承担赔偿责任：

（一）以暴力、威胁或者非法限制人身自由的手段强迫劳动的；

（二）违章指挥或者强令冒险作业危及劳动者人身安全的；

（三）侮辱、体罚、殴打、非法搜查或者拘禁劳动者的；

（四）劳动条件恶劣、环境污染严重，给劳动者身心健康造成严重损害的。

第八十九条　用人单位违反本法规定未向劳动者出具解除或者终止劳动合同的书面证明，由劳动行政部门责令改正；给劳动者造成损害的，应当承担赔偿责任。

第九十条　劳动者违反本法规定解除劳动合同，或者违反劳动合同中约定的保密义务或者竞业限制，给用人单位造成损失的，应当承担赔偿责任。

第九十一条 用人单位招用与其他用人单位尚未解除或者终止劳动合同的劳动者，给其他用人单位造成损失的，应当承担连带赔偿责任。

第九十二条 劳务派遣单位违反本法规定的，由劳动行政部门和其他有关主管部门责令改正；情节严重的，以每人一千元以上五千元以下的标准处以罚款，并由工商行政管理部门吊销营业执照；给被派遣劳动者造成损害的，劳务派遣单位与用工单位承担连带赔偿责任。

第九十三条 对不具备合法经营资格的用人单位的违法犯罪行为，依法追究法律责任；劳动者已经付出劳动的，该单位或者其出资人应当依照本法有关规定向劳动者支付劳动报酬、经济补偿、赔偿金；给劳动者造成损害的，应当承担赔偿责任。

第九十四条 个人承包经营违反本法规定招用劳动者，给劳动者造成损害的，发包的组织与个人承包经营者承担连带赔偿责任。

第九十五条 劳动行政部门和其他有关主管部门及其工作人员玩忽职守、不履行法定职责，或者违法行使职权，给劳动者或者用人单位造成损害的，应当承担赔偿责任；对直接负责的主管人员和其他直接责任人员，依法给予行政处分；构成犯罪的，依法追究刑事责任。

第八章 附 则

第九十六条 事业单位与实行聘用制的工作人员订立、履行、变更、解除或者终止劳动合同，法律、行政法规或者国务院另有规定的，依照其规定；未作规定的，依照本法有关规定执行。

第九十七条 本法施行前已依法订立且在本法施行之日存续的劳动合同，继续履行；本法第十四条第二款第三项规定连续订立固定期限劳动合同的次数，自本法施行后续订固定期限劳动合同时开始计算。

本法施行前已建立劳动关系，尚未订立书面劳动合同的，应当自本法施行之日起一个月内订立。

本法施行之日存续的劳动合同在本法施行后解除或者终止，依照本法第四十六条规定应当支付经济补偿的，经济补偿年限自本法施行之日起计算；本法施行前按照当时有关规定，用人单位应当向劳动者支付经济补偿的，按照当时有关规定执行。

第九十八条 本法自2008年1月1日起施行。

最高人民法院关于适用《中华人民共和国担保法》若干问题的解释

（2000 年 9 月 29 日最高人民法院审判委员会第 1133 次会议通过）
法释［2000］44 号

为了正确适用《中华人民共和国担保法》（以下简称担保法），结合审判实践经验，对人民法院审理担保纠纷案件适用法律问题作出如下解释。

一、关于总则部分的解释

第一条　当事人对由民事关系产生的债权，在不违反法律、法规强制性规定的情况下，以担保法规定的方式设定担保的，可以认定为有效。

第二条　反担保人可以是债务人，也可以是债务人之外的其他人。

反担保方式可以是债务人提供的抵押或者质押，也可以是其他人提供的保证、抵押或者质押。

第三条　国家机关和以公益为目的的事业单位、社会团体违反法律规定提供担保的，担保合同无效。因此给债权人造成损失的，应当根据担保法第五条第二款的规定处理。

第四条　董事、经理违反《中华人民共和国公司法》第六十条的规定，以公司资产为本公司的股东或者其他个人债务提供担保的，担保合同无效。除债权人知道或者应当知道的外，债务人、担保人应当对债权人的损失承担连带赔偿责任。

第五条　以法律、法规禁止流通的财产或者不可转让的财产设定担保的，担保合同无效。

以法律、法规限制流通的财产设定担保的，在实现债权时，人民法院应当按照有关法律、法规的规定对该财产进行处理。

第六条　有下列情形之一的，对外担保合同无效：

（一）未经国家有关主管部门批准或者登记对外担保的；

（二）未经国家有关主管部门批准或者登记，为境外机构向境内债权人提供担保的；

（三）为外商投资企业注册资本、外商投资企业中的外方投资部分的对外债务提供担保的；

（四）无权经营外汇担保业务的金融机构、无外汇收入的非金融性质的企业法人提供外汇担保的；

（五）主合同变更或者债权人将对外担保合同项下的权利转让，未经担保人同意和国家有关主管部门批难的，担保人不再承担担保责任。但法律、法规另有规定的除外。

第七条 主合同有效而担保合同无效，债权人无过错的，担保人与债务人对主合同债权人的经济损失，承担连带赔偿责任；债权人、担保人有过错的，担保人承担民事责任的部分，不应超过债务人不能清偿部分的二分之一。

第八条 主合同无效而导致担保合同无效，担保人无过错的，担保人不承担民事责任；担保人有过错的，担保人承担民事责任的部分，不应超过债务人不能清偿部分的二分之一。

第九条 担保人因无效担保合同向债权人承担赔偿责任后，可以向债务人追偿，或者在承担赔偿责任的范围内，要求有过错的反担保人承担赔偿责任。

担保人可以根据承担赔偿责任的事实对债务人或者反担保人另行提起诉讼。

第十条 主合同解除后，担保人对债务人应当承担的民事责任仍应承担担保责任。但是，担保合同另有约定的除外。

第十一条 法人或者其他组织的法定代表人、负责人超越权限订立的担保合同，除相对人知道或者应当知道其超越权限的以外，该代表行为有效。

第十二条 当事人约定的或者登记部门要求登记的担保期间，对担保物权的存续不具有法律约束力。

担保物权所担保的债权的诉讼时效结束后，担保权人在诉讼时效结束后的二年内行使担保物权的，人民法院应当予以支持。

二、关于保证部分的解释

第十三条 保证合同中约定保证人代为履行非金钱债务的，如果保证人不能实际代为履行，对债权人因此造成的损失，保证人应当承担赔偿责任。

第十四条 不具有完全代偿能力的法人、其他组织或者自然人，以保证人身份订立保证合同后，又以自己没有代偿能力要求免除保证责任的，人民法院不予支持。

第十五条 担保法第七条规定的其他组织主要包括：

（一）依法登记领取营业执照的独资企业、合伙企业；

（二）依法登记领取营业执照的联营企业；

（三）依法登记领取营业执照的中外合作经营企业；

（四）经民政部门核准登记的社会团体；

（五）经核准登记领取营业执照的乡镇、街道、村办企业。

第十六条 从事经营活动的事业单位、社会团体为保证人的，如无其他导致保证合同无效的情况，其所签订的保证合同应当认定为有效。

第十七条 企业法人的分支机构未经法人书面授权提供保证的，保证合同无效。因此给债权人造成损失的，应当根据担保法第五条第二款的规定处理。

企业法人的分支机构经法人书面授权提供保证的，如果法人的书面授权范围不明，法人的分支机构应当对保证合同约定的全部债务承担保证责任。

企业法人的分支机构经营管理的财产不足以承担保证责任的，由企业法人承担民事责任。

企业法人的分支机构提供的保证无效后应当承担赔偿责任的，由分支机构经营管理的财产承担。企业法人有过错的，按照担保法第二十九条的规定处理。

第十八条　企业法人的职能部门提供保证的，保证合同无效。债权人知道或者应当知道保证人为企业法人的职能部门的，因此造成的损失由债权人自行承担。

债权人不知保证人为企业法人的职能部门，因此造成的损失，可以参照担保法第五条第二款的规定和第二十九条的规定处理。

第十九条　两个以上保证人对同一债务同时或者分别提供保证时，各保证人与债权人没有约定保证份额的，应当认定为连带共同保证。

连带共同保证的保证人以其相互之间约定各自承担的份额对抗债权人的，人民法院不予支持。

第二十条　连带共同保证的债务人在主合同规定的债务履行期届满没有履行债务的，债权人可以要求债务人履行债务，也可以要求任何一个保证人承担全部保证责任。

连带共同保证的保证人承担保证责任后，向债务人不能追偿的部分，由各连带保证人按其内部约定的比例分担。没有约定的，平均分担。

第二十一条　按份共同保证的保证人按照保证合同约定的保证份额承担保证责任后，在其履行保证责任的范围内对债务人行使追偿权。

第二十二条　第三人单方以书面形式向债权人出具担保书，债权人接受且未提出异议的，保证合同成立。

主合同中虽然没有保证条款，但是，保证人在主合同上以保证人的身份签字或者盖章的，保证合同成立。

第二十三条　最高额保证合同的不特定债权确定后，保证人应当对在最高债权额限度内就一定期间连续发生的债权余额承担保证责任。

第二十四条　一般保证的保证人在主债权履行期间届满后，向债权人提供了债务人可供执行财产的真实情况的，债权人放弃或者怠于行使权利致使该财产不能被执行，保证人可以请求人民法院在其提供可供执行财产的实际价值范围内免除保证责任。

第二十五条　担保法第十七条第三款第（一）项规定的债权人要求债务人履行债务发生的重大困难情形，包括债务人下落不明、移居境外，且无财产可供执行。

第二十六条　第三人向债权人保证监督支付专款专用的，在履行了监督支付专款专用的义务后，不再承担责任。未尽监督义务造成资金流失的，应当对流失的资金承担补充赔偿责任。

第二十七条　保证人对债务人的注册资金提供保证的，债务人的实际投资与注册资金不符，或者抽逃转移注册资金的，保证人在注册资金不足或者抽逃转移注册资金的范围内承担连带保证责任。

第二十八条　保证期间，债权人依法将主债权转让给第三人的，保证债权同时转让，保证人在原保证担保的范围内对受让人承担保证责任。但是保证人与债权人事先约定仅对特定的债权人承担保证责任或者禁止债权转让的，保证人不再承担保证责任。

第二十九条　保证期间，债权人许可债务人转让部分债务未经保证人书面同意的，保证人对未经其同意转让部分的债务，不再承担保证责任。但是，保证人仍应当对未转让部分的债务承担保证责任。

第三十条　保证期间，债权人与债务人对主合同数量、价款、币种、利率等内容作了变动，未经保证人同意的，如果减轻债务人的债务的，保证人仍应当对变更后的合同承担保证责任；如果加重债务人的债务的，保证人对加重的部分不承担保证责任。

债权人与债务人对主合同履行期限作了变动，未经保证人书面同意的，保证期间为原合同约定的或者法律规定的期间。

债权人与债务人协议变动主合同内容，但并未实际履行的，保证人仍应当承担保证责任。

第三十一条 保证期间不因任何事由发生中断、中止、延长的法律后果。

第三十二条 保证合同约定的保证期间早于或者等于主债务履行期限的，视为没有约定，保证期间为主债务履行期届满之日起六个月。

保证合同约定保证人承担保证责任直至主债务本息还清时为止等类似内容的，视为约定不明，保证期间为主债务履行期届满之日起二年。

第三十三条 主合同对主债务履行期限没有约定或者约定不明的，保证期间自债权人要求债务人履行义务的宽限期届满之日起计算。

第三十四条 一般保证的债权人在保证期间届满前对债务人提起诉讼或者申请仲裁的，从判决或者仲裁裁决生效之日起，开始计算保证合同的诉讼时效。

连带责任保证的债权人在保证期间届满前要求保证人承担保证责任的，从债权人要求保证人承担保证责任之日起，开始计算保证合同的诉讼时效。

第三十五条 保证人对已经超过诉讼时效期间的债务承担保证责任或者提供保证的，又以超过诉讼时效为由抗辩的，人民法院不予支持。

第三十六条 一般保证中，主债务诉讼时效中断，保证债务诉讼时效中断；连带责任保证中，主债务诉讼时效中断，保证债务诉讼时效不中断。

一般保证和连带责任保证中，主债务诉讼时效中止的，保证债务的诉讼时效同时中止。

第三十七条 最高额保证合同对保证期间没有约定或者约定不明的，如最高额保证合同约定有保证人清偿债务期限的，保证期间为清偿期限届满之日起六个月。没有约定债务清偿期限的，保证期间自最高额保证终止之日或自债权人收到保证人终止保证合同的书面通知到达之日起六个月。

第三十八条 同一债权既有保证又有第三人提供物的担保的，债权人可以请求保证人或者物的担保人承担担保责任。当事人对保证担保的范围或者物的担保的范围没有约定或者约定不明的，承担了担保责任的担保人，可以向债务人追偿，也可以要求其他担保人清偿其应当分担的份额。

同一债权既有保证又有物的担保的，物的担保合同被确认无效或者被撤销，或者担保物因不可抗力的原因灭失而没有代位物的，保证人仍应当按合同的约定或者法律的规定承担保证责任。

债权人在主合同履行期届满后怠于行使担保物权，致使担保物的价值减少或者毁损、灭失的，视为债权人放弃部分或者全部物的担保。保证人在债权人放弃权利的范围内减轻或者免除保证责任。

第三十九条 主合同当事人双方协议以新贷偿还旧贷，除保证人知道或者应当知道的外，保证人不承担民事责任。

新贷与旧贷系同一保证人的，不适用前款的规定。

第四十条 主合同债务人采取欺诈、胁迫等手段，使保证人在违背真实意思的情况下提供保证的，债权人知道或者应当知道欺诈、胁迫事实的，按照担保法第三十条的规定处理。

第四十一条 债务人与保证人共同欺骗债权人，订立主合同和保证合同的，债权人可以请求人民法院予以撤销。因此给债权人造成损失的，由保证人与债务人承担连带赔偿责任。

第四十二条 人民法院判决保证人承担保证责任或者赔偿责任的，应当在判决书主文中明确保证人享有担保法第三十一条规定的权利。判决书中未予明确追偿权的，保证人只能按照承担责任的事实，另行提起诉讼。

保证人对债务人行使追偿权的诉讼时效，自保证人向债权人承担责任之日起开始计算。

第四十三条 保证人自行履行保证责任时，其实际清偿额大于主债权范围的，保证人只能在主债权范围内对债务人行使追偿权。

第四十四条 保证期间，人民法院受理债务人破产案件的，债权人既可以向人民法院申报债权，也可以向保证人主张权利。

债权人申报债权后在破产程序中未受清偿的部分，保证人仍应当承担保证责任。债权人要求保证人承担保证责任的，应当在破产程序终结后六个月内提出。

第四十五条 债权人知道或者应当知道债务人破产，既未申报债权也未通知保证人，致使保证人不能预先行使追偿权的，保证人在该债权在破产程序中可能受偿的范围内免除保证责任。

第四十六条 人民法院受理债务人破产案件后，债权人未申报债权的，各连带共同保证的保证人应当作为一个主体申报债权，预先行使追偿权。

三、关于抵押部分的解释

第四十七条 以依法获准尚未建造的或者正在建造中的房屋或者其他建筑物抵押的，当事人办理了抵押物登记，人民法院可以认定抵押有效。

第四十八条 以法定程序确认为违法、违章的建筑物抵押的，抵押无效。

第四十九条 以尚未办理权属证书的财产抵押的，在第一审法庭辩论终结前能够提供权利证书或者补办登记手续的，可以认定抵押有效。

当事人未办理抵押物登记手续的，不得对抗第三人。

第五十条 以担保法第三十四条第一款所列财产一并抵押的，抵押财产的范围应当以登记的财产为准。抵押财产的价值在抵押权实现时予以确定。

第五十一条 抵押人所担保的债权超出其抵押物价值的，超出的部分不具有优先受偿的效力。

第五十二条 当事人以农作物和与其尚未分离的土地使用权同时抵押的，土地使用权部分的抵押无效。

第五十三条 学校、幼儿园、医院等以公益为目的的事业单位、社会团体，以其教育设施、医疗卫生设施和其他社会公益设施以外的财产为自身债务设定抵押的，人民法院可以认定抵押有效。

第五十四条 按份共有人以其共有财产中享有的份额设定抵押的，抵押有效。

共同共有人以其共有财产设定抵押，未经其他共有人的同意，抵押无效。但是，其他共有人知道或者应当知道而未提出异议的视为同意，抵押有效。

第五十五条 已经设定抵押的财产被采取查封、扣押等财产保全或者执行措施的，不影响抵押权的效力。

第五十六条 抵押合同对被担保的主债权种类、抵押财产没有约定或者约定不明，根据主合同和抵押合同不能补正或者无法推定的，抵押不成立。

法律规定登记生效的抵押合同签订后，抵押人违背诚实信用原则拒绝办理抵押登记致使债权人受到损失的，抵押人应当承担赔偿责任。

第五十七条 当事人在抵押合同中约定，债务履行期届满抵押权人未受清偿时，抵押物的所有权转移为债权人所有的内容无效。该内容的无效不影响抵押合同其他部分内容的效力。

债务履行期届满后抵押权人未受清偿时，抵押权人和抵押人可以协议以抵押物折价取得抵押物。但是，损害顺序在后的担保物权人和其他债权人利益的，人民法院可以适用合同法第七十四条、第七十五条的有关规定。

第五十八条 当事人同一天在不同的法定登记部门办理抵押物登记的，视为顺序相同。

因登记部门的原因致使抵押物进行连续登记的，抵押物第一次登记的日期，视为抵押登记的日期，并依此确定抵押权的顺序。

第五十九条 当事人办理抵押物登记手续时，因登记部门的原因致使其无法办理抵押物登记，抵押人向债权人交付权利凭证的，可以认定债权人对该财产有优先受偿权。但是，未办理抵押物登记的，不得对抗第三人。

第六十条 以担保法第四十二条第（二）项规定的不动产抵押的，县级以上地方人民政府对登记部门未作规定，当事人在土地管理部门或者房产管理部门办理了抵押物登记手续，人民法院可以确认其登记的效力。

第六十一条 抵押物登记记载的内容与抵押合同约定的内容不一致的，以登记记载的内容为准。

第六十二条 抵押物因附合、混合或者加工使抵押物的所有权为第三人所有的，抵押权的效力及于补偿金；抵押物所有人为附合物、混合物或者加工物的所有人的，抵押权的效力及于附合物、混合物或者加工物；第三人与抵押物所有人为附合物、混合物或者加工物的共有人的，抵押权的效力及于抵押人对共有物享有的份额。

第六十三条 抵押权设定前为抵押物的从物的，抵押权的效力及于抵押物的从物。但是，抵押物与其从物为两个以上的人分别所有时，抵押权的效力不及于抵押物的从物。

第六十四条 债务履行期届满，债务人不履行债务致使抵押物被人民法院依法扣押的，自扣押之日起抵押权人收取的由抵押物分离的天然孳息和法定孳息，按照下列顺序清偿：

（一）收取孳息的费用；

（二）主债权的利息；

（三）主债权。

第六十五条　抵押人将已出租的财产抵押的，抵押权实现后，租赁合同在有效期内对抵押物的受让人继续有效。

第六十六条　抵押人将已抵押的财产出租的，抵押权实现后，租赁合同对受让人不具有约束力。

抵押人将已抵押的财产出租时，如果抵押人未书面告知承租人该财产已抵押的，抵押人对出租抵押物造成承租人的损失承担赔偿责任；如果抵押人已书面告知承租人该财产已抵押的，抵押权实现造成承租人的损失，由承租人自己承担。

第六十七条　抵押权存续期间，抵押人转让抵押物未通知抵押权人或者未告知受让人的，如果抵押物已经登记的，抵押权人仍可以行使抵押权；取得抵押物所有权的受让人，可以代替债务人清偿其全部债务，使抵押权消灭。受让人清偿债务后可以向抵押人追偿。

如果抵押物未经登记的，抵押权不得对抗受让人，因此给抵押权人造成损失的，由抵押人承担赔偿责任。

第六十八条　抵押物依法被继承或者赠与的，抵押权不受影响。

第六十九条　债务人有多个普通债权人的，在清偿债务时，债务人与其中一个债权人恶意串通，将其全部或者部分财产抵押给该债权人，因此丧失了履行其他债务的能力，损害了其他债权人的合法权益，受损害的其他债权人可以请求人民法院撤销该抵押行为。

第七十条　抵押人的行为足以使抵押物价值减少的，抵押权人请求抵押人恢复原状或提供担保遭到拒绝时，抵押权人可以请求债务人履行债务，也可以请求提前行使抵押权。

第七十一条　主债权未受全部清偿的，抵押权人可以就抵押物的全部行使其抵押权。

抵押物被分割或者部分转让的，抵押权人可以就分割或者转让后的抵押物行使抵押权。

第七十二条　主债权被分割或者部分转让的，各债权人可以就其享有的债权份额行使抵押权。

主债务被分割或者部分转让的，抵押人仍以其抵押物担保数个债务人履行债务。但是，第三人提供抵押的，债权人许可债务人转让债务未经抵押人书面同意的，抵押人对未经其同意转让的债务，不再承担担保责任。

第七十三条　抵押物折价或者拍卖、变卖该抵押物的价款低于抵押权设定时约定价值的，应当按照抵押物实现的价值进行清偿。不足清偿的剩余部分，由债务人清偿。

第七十四条　抵押物折价或者拍卖、变卖所得的价款，当事人没有约定的，按下列顺序清偿：

（一）实现抵押权的费用；

（二）主债权的利息；

（三）主债权。

第七十五条　同一债权有两个以上抵押人的，债权人放弃债务人提供的抵押担保的，其他抵押人可以请求人民法院减轻或者免除其应当承担的担保责任。

同一债权有两个以上抵押人的，当事人对其提供的抵押财产所担保的债权份额或者顺序没有约定或者约定不明的，抵押权人可以就其中任一或者各个财产行使抵押权。

抵押人承担担保责任后，可以向债务人追偿，也可以要求其他抵押人清偿其应当承担的份额。

第七十六条 同一动产向两个以上债权人抵押的，当事人未办理抵押物登记，实现抵押权时，各抵押权人按照债权比例受偿。

第七十七条 同一财产向两个以上债权人抵押的，顺序在先的抵押权与该财产的所有权归属一人时，该财产的所有权人可以以其抵押权对抗顺序在后的抵押权。

第七十八条 同一财产向两个以上债权人抵押的，顺序在后的抵押权所担保的债权先到期的，抵押权人只能就抵押物价值超出顺序在先的抵押担保债权的部分受偿。

顺序在先的抵押权所担保的债权先到期的，抵押权实现后的剩余价款应予提存，留待清偿顺序在后的抵押担保债权。

第七十九条 同一财产法定登记的抵押权与质权并存时，抵押权人优先于质权人受偿。

同一财产抵押权与留置权并存时，留置权人优先于抵押权人受偿。

第八十条 在抵押物灭失、毁损或者被征用的情况下，抵押权人可以就该抵押物的保险金、赔偿金或者补偿金优先受偿。

抵押物灭失、毁损或者被征用的情况下，抵押权所担保的债权未届清偿期的，抵押权人可以请求人民法院对保险金、赔偿金或补偿金等采取保全措施。

第八十一条 最高额抵押权所担保的债权范围，不包括抵押物因财产保全或者执行程序被查封后或债务人、抵押人破产后发生的债权。

第八十二条 当事人对最高额抵押合同的最高限额、最高额抵押期间进行变更，以其变更对抗顺序在后的抵押权人的，人民法院不予支持。

第八十三条 最高额抵押权所担保的不特定债权，在特定后，债权已届清偿期的，最高额抵押权人可以根据普通抵押权的规定行使其抵押权。

抵押权人实现最高额抵押权时，如果实际发生的债权余额高于最高限额的，以最高限额为限，超过部分不具有优先受偿的效力；如果实际发生的债权余额低于最高限额的，以实际发生的债权余额为限对抵押物优先受偿。

四、关于质押部分的解释

（一）动产质押

第八十四条 出质人以其不具有所有权但合法占有的动产出质的，不知出质人无处分权的质权人行使质权后，因此给动产所有人造成损失的，由出质人承担赔偿责任。

第八十五条 债务人或者第三人将其金钱以特户、封金、保证金等形式特定化后，移交债权人占有作为债权的担保，债务人不履行债务时，债权人可以以该金钱优先受偿。

第八十六条 债务人或者第三人未按质押合同约定的时间移交质物的，因此给质权人造成损失的，出质人应当根据其过错承担赔偿责任。

第八十七条 出质人代质权人占有质物的，质押合同不生效；质权人将质物返还于出质人后，以其质权对抗第三人的，人民法院不予支持。

因不可归责于质权人的事由而丧失对质物的占有，质权人可以向不当占有人请求停止侵害、恢复原状、返还质物。

第八十八条 出质人以间接占有的财产出质的，质押合同自书面通知送达占有人时视为移交。占有人收到出质通知后，仍接受出质人的指示处分出质财产的，该行为无效。

第八十九条 质押合同中对质押的财产约定不明，或者约定的出质财产与实际移交的财产不一致的，以实际交付占有的财产为准。

第九十条 质物有隐蔽瑕疵造成质权人其他财产损害的，应由出质人承担赔偿责任。但是，质权人在质物移交时明知质物有瑕疵而予以接受的除外。

第九十一条 动产质权的效力及于质物的从物。但是，从物未随同质物移交质权人占有的，质权的效力不及于从物。

第九十二条 按照担保法第六十九条的规定将质物提存的，质物提存费用由质权人负担；出质人提前清偿债权的，应当扣除未到期部分的利息。

第九十三条 质权人在质权存续期间，未经出质人同意，擅自使用、出租、处分质物，因此给出质人造成损失的，由质权人承担赔偿责任。

第九十四条 质权人在质权存续期间，为担保自己的债务，经出质人同意，以其所占有的质物为第三人设定质权的，应当在原质权所担保的债权范围之内，超过的部分不具有优先受偿的效力。转质权的效力优于原质权。

质权人在质权存续期间，未经出质人同意，为担保自己的债务，在其所占有的质物上为第三人设定质权的无效。质权人对因转质而发生的损害承担赔偿责任。

第九十五条 债务履行期届满质权人未受清偿的，质权人可以继续留置质物，并以质物的全部行使权利。出质人清偿所担保的债权后，质权人应当返还质物。

债务履行期届满，出质人请求质权人及时行使权利，而质权人怠于行使权利致使质物价格下跌的，由此造成的损失，质权人应当承担赔偿责任。

第九十六条 本解释第五十七条、第六十二条、第六十四条、第七十一条、第七十二条、第七十三条、第七十四条、第八十条之规定，适用于动产质押。

（二）权利质押

第九十七条 以公路桥梁、公路隧道或者公路渡口等不动产收益权出质的，按照担保法第七十五条第（四）项的规定处理。

第九十八条 以汇票、支票、本票出质，出质人与质权人没有背书记载“质押”字样，以票据出质对抗善意第三人的，人民法院不予支持。

第九十九条 以公司债券出质的，出质人与质权人没有背书记载“质押”字样，以债券出质对抗公司和第三人的，人民法院不予支持。

第一百条 以存款单出质的，签发银行核押后又受理挂失并造成存款流失的，应当承担民事责任。

第一百零一条 以票据、债券、存款单、仓单、提单出质的，质权人再转让或者质押的无效。

第一百零二条 以载明兑现或者提货日期的汇票、支票、本票、债券、存款单、仓单、提单出质的，其兑现或者提货日期后于债务履行期的，质权人只能在兑现或者提货日期届满时兑现款项或者提取货物。

第一百零三条 以股份有限公司的股份出质的，适用《中华人民共和国公司法》有关股份转让的规定。

以上市公司的股份出质的，质押合同自股份出质向证券登记机构办理出质登记之日起生效。

以非上市公司的股份出质的，质押合同自股份出质记载于股东名册之日起生效。

第一百零四条 以依法可以转让的股份、股票出质的，质权的效力及于股份、股票的法定孳息。

第一百零五条 以依法可以转让的商标专用权，专利权、著作权中的财产权出质的，出质人未经质权人同意而转让或者许可他人使用已出质权利的，应当认定为无效。因此给质权人或者第三人造成损失的，由出质人承担民事责任。

第一百零六条 质权人向出质人、出质债权的债务人行使质权时，出质人、出质债权的债务人拒绝的，质权人可以起诉出质人和出质债权的债务人，也可以单独起诉出质债权的债务人。

五、关于留置部分的解释

第一百零七条 当事人在合同中约定排除留置权，债务履行期届满，债权人行使留置权的，人民法院不予支持。

第一百零八条 债权人合法占有债务人交付的动产时，不知债务人无处分该动产的权利，债权人可以按照担保法第八十二条的规定行使留置权。

第一百零九条 债权人的债权已届清偿期，债权人对动产的占有与其债权的发生有牵连关系，债权人可以留置其所占有的动产。

第一百一十条 留置权人在债权未受全部清偿前，留置物为不可分物的，留置权人可以就其留置物的全部行使留置权。

第一百一十一条 债权人行使留置权与其承担的义务或者合同的特殊约定相抵触的，人民法院不予支持。

第一百一十二条 债权人的债权未届清偿期，其交付占有标的物的义务已届履行期的，不能行使留置权。但是，债权人能够证明债务人无支付能力的除外。

第一百一十三条 债权人未按担保法第八十七条规定的期限通知债务人履行义务，直接变价处分留置物的，应当对此造成的损失承担赔偿责任。债权人与债务人按照担保法第八十七条的规定在合同中约定宽限期的，债权人可以不经通知，直接行使留置权。

第一百一十四条 本解释第六十四条、第八十条、第八十七条、第九十一条、第九十三条的规定，适用于留置。

六、关于定金部分的解释

第一百一十五条 当事人约定以交付定金作为订立主合同担保的，给付定金的一方拒绝订立主合同的，无权要求返还定金；收受定金的一方拒绝订立合同的，应当双倍返还定金。

第一百一十六条 当事人约定以交付定金作为主合同成立或者生效要件的，给付定金的一方未支付定金，但主合同已经履行或者已经履行主要部分的，不影响主合同的成立或者生效。

第一百一十七条 定金交付后，交付定金的一方可以按照合同的约定以丧失定金为代价而解除主合同，收受定金的一方可以双倍返还定金为代价而解除主合同。对解除主合同后责任的处理，适用《中华人民共和国合同法》的规定。

第一百一十八条　当事人交付留置金、担保金、保证金、订约金、押金或者定金等，但没有约定定金性质的，当事人主张定金权利的，人民法院不予支持。

第一百一十九条　实际交付的定金数额多于或者少于约定数额，视为变更定金合同；收受定金一方提出异议并拒绝接受定金的，定金合同不生效。

第一百二十条　因当事人一方迟延履行或者其他违约行为，致使合同目的不能实现，可以适用定金罚则。但法律另有规定或者当事人另有约定的除外。

当事人一方不完全履行合同的，应当按照未履行部分所占合同约定内容的比例，适用定金罚则。

第一百二十一条　当事人约定的定金数额超过主合同标的额百分之二十的，超过的部分，人民法院不予支持。

第一百二十二条　因不可抗力、意外事件致使主合同不能履行的，不适用定金罚则。因合同关系以外第三人的过错，致使主合同不能履行的，适用定金罚则。受定金处罚的一方当事人，可以依法向第三人追偿。

七、关于其他问题的解释

第一百二十三条　同一债权上数个担保物权并存时，债权人放弃债务人提供的物的担保的，其他担保人在其放弃权利的范围内减轻或者免除担保责任。

第一百二十四条　企业法人的分支机构为他人提供保证的，人民法院在审理保证纠纷案件中可以将该企业法人作为共同被告参加诉讼。但是商业银行、保险公司的分支机构提供保证的除外。

第一百二十五条　一般保证的债权人向债务人和保证人一并提起诉讼的，人民法院可以将债务人和保证人列为共同被告参加诉讼。但是，应当在判决书中明确在对债务人财产依法强制执行后仍不能履行债务时，由保证人承担保证责任。

第一百二十六条　连带责任保证的债权人可以将债务人或者保证人作为被告提起诉讼，也可以将债务人和保证人作为共同被告提起诉讼。

第一百二十七条　债务人对债权人提起诉讼，债权人提起反诉的，保证人可以作为第三人参加诉讼。

第一百二十八条　债权人向人民法院请求行使担保物权时，债务人和担保人应当作为共同被告参加诉讼。

同一债权既有保证又有物的担保的，当事人发生纠纷提起诉讼的，债务人与保证人、抵押人或者出质人可以作为共同被告参加诉讼。

第一百二十九条　主合同和担保合同发生纠纷提起诉讼的，应当根据主合同确定案件管辖。担保人承担连带责任的担保合同发生纠纷，债权人向担保人主张权利的，应当由担保人住所地的法院管辖。

主合同和担保合同选择管辖的法院不一致的，应当根据主合同确定案件管辖。

第一百三十条　在主合同纠纷案件中，对担保合同未经审判，人民法院不应当依据对主合同当事人所作出的判决或者裁定，直接执行担保人的财产。

第一百三十一条　本解释所称“不能清偿”指对债务人的存款、现金、有价证券、成品、半成品、原材料、交通工具等可以执行的动产和其他方便执行的财产执行完毕后，债务仍未能得到清偿的状态。

第一百三十二条 在案件审理或者执行程序中，当事人提供财产担保的，人民法院应当对该财产的权属证书予以扣押，同时向有关部门发出协助执行通知书，要求其在规定的时间内不予办理担保财产的转移手续。

第一百三十三条 担保法施行以前发生的担保行为，适用担保行为发生时的法律法规和有关司法解释。

担保法施行以后因担保行为发生的纠纷案件，在本解释公布施行前已经终审，当事人申请再审或者按审判监督程序决定再审的，不适用本解释。

担保法施行以后因担保行为发生的纠纷案件，在本解释公布施行后尚在一审或二审阶段的，适用担保法和本解释。

第一百三十四条 最高人民法院在担保法施行以前作出的有关担保问题的司法解释，与担保法和本解释相抵触的，不再适用。

最高人民法院关于审理建筑物区分所有权纠纷案件具体应用法律若干问题的解释

（2009年3月23日最高人民法院审判委员会第1464次会议通过）

法释［2009］7号

为正确审理建筑物区分所有权纠纷案件，依法保护当事人的合法权益，根据《中华人民共和国物权法》等法律的规定，结合民事审判实践，制定本解释。

第一条 依法登记取得或者根据物权法第二章第三节规定取得建筑物专有部分所有权的人，应当认定为物权法第六章所称的业主。

基于与建设单位之间的商品房买卖民事法律行为，已经合法占有建筑物专有部分，但尚未依法办理所有权登记的人，可以认定为物权法第六章所称的业主。

第二条 建筑区划内符合下列条件的房屋，以及车位、摊位等特定空间，应当认定为物权法第六章所称的专有部分：

（一）具有构造上的独立性，能够明确区分；

（二）具有利用上的独立性，可以排他使用；

（三）能够登记成为特定业主所有权的客体。

规划上专属于特定房屋，且建设单位销售时已经根据规划列入该特定房屋买卖合同中的露台等，应当认定为物权法第六章所称专有部分的组成部分。

本条第一款所称房屋，包括整栋建筑物。

第三条 除法律、行政法规规定的共有部分外，建筑区划内的以下部分，也应当认定为物权法第六章所称的共有部分：

（一）建筑物的基础、承重结构、外墙、屋顶等基本结构部分，通道、楼梯、大堂等公共通行部分，消防、公共照明等附属设施、设备，避难层、设备层或者设备间等结构部分；

（二）其他不属于业主专有部分，也不属于市政公用部分或者其他权利人所有的场所及设施等。

建筑区划内的土地，依法由业主共同享有建设用地使用权，但属于业主专有的整栋建筑物的规划占地或者城镇公共道路、绿地占地除外。

第四条 业主基于对住宅、经营性用房等专有部分特定使用功能的合理需要，无偿利用屋顶以及与其专有部分相对应的外墙面等共有部分的，不应认定为侵权。但违反法律、法规、管理规约，损害他人合法权益的除外。

第五条 建设单位按照配置比例将车位、车库，以出售、附赠或者出租等方式处分给业主的，应当认定其行为符合物权法第七十四条第一款有关“应当首先满足业主的需要”的规定。

前款所称配置比例是指规划确定的建筑区划内规划用于停放汽车的车位、车库与房屋套数的比例。

第六条 建筑区划内在规划用于停放汽车的车位之外，占用业主共有道路或者其他场地增设的车位，应当认定为物权法第七十四条第三款所称的车位。

第七条 改变共有部分的用途、利用共有部分从事经营性活动、处分共有部分，以及业主大会依法决定或者管理规约依法确定应由业主共同决定的事项，应当认定为物权法第七十六条第一款第（七）项规定的有关共有和共同管理权利的“其他重大事项”。

第八条 物权法第七十六条第二款和第八十条规定的专有部分面积和建筑物总面积，可以按照下列方法认定：

（一）专有部分面积，按照不动产登记簿记载的面积计算；尚未进行物权登记的，暂按测绘机构的实测面积计算；尚未进行实测的，暂按房屋买卖合同记载的面积计算；

（二）建筑物总面积，按照前项的统计总和计算。

第九条 物权法第七十六条第二款规定的业主人数和总人数，可以按照下列方法认定：

（一）业主人数，按照专有部分的数量计算，一个专有部分按一人计算。但建设单位尚未出售和虽已出售但尚未交付的部分，以及同一买受人拥有一个以上专有部分的，按一人计算；

（二）总人数，按照前项的统计总和计算。

第十条 业主将住宅改变为经营性用房，未按照物权法第七十七条的规定经有利害关系的业主同意，有利害关系的业主请求排除妨害、消除危险、恢复原状或者赔偿损失的，人民法院应予支持。

将住宅改变为经营性用房的业主以多数有利害关系的业主同意其行为进行抗辩的，人民法院不予支持。

第十一条 业主将住宅改变为经营性用房，本栋建筑物内的其他业主，应当认定为物权法第七十七条所称“有利害关系的业主”。建筑区划内，本栋建筑物之外的业主，主张与自己有利害关系的，应证明其房屋价值、生活质量受到或者可能受到不利影响。

第十二条 业主以业主大会或者业主委员会作出的决定侵害其合法权益或者违反了法律规定的程序为由，依据物权法第七十八条第二款的规定请求人民法院撤销该决定的，应当在知道或者应当知道业主大会或者业主委员会作出决定之日起一年内行使。

第十三条 业主请求公布、查阅下列应当向业主公开的情况和资料的，人民法院应予支持：

（一）建筑物及其附属设施的维修资金的筹集、使用情况；

（二）管理规约、业主大会议事规则，以及业主大会或者业主委员会的决定及会议记录；

（三）物业服务合同、共有部分的使用和收益情况；

（四）建筑区划内规划用于停放汽车的车位、车库的处分情况；

（五）其他应当向业主公开的情况和资料。

第十四条 建设单位或者其他行为人擅自占用、处分业主共有部分、改变其使用功能或者进行经营性活动，权利人请求排除妨害、恢复原状、确认处分行为无效或者赔偿损失的，人民法院应予支持。

属于前款所称擅自进行经营性活动的情形，权利人请求行为人将扣除合理成本之后的收益用于补充专项维修资金或者业主共同决定的其他用途的，人民法院应予支持。行为人对成本的支出及其合理性承担举证责任。

第十五条 业主或者其他行为人违反法律、法规、国家相关强制性标准、管理规约，或者违反业主大会、业主委员会依法作出的决定，实施下列行为的，可以认定为物权法第八十三条第二款所称的其他“损害他人合法权益的行为”：

（一）损害房屋承重结构，损害或者违章使用电力、燃气、消防设施，在建筑物内放置危险、放射性物品等危及建筑物安全或者妨碍建筑物正常使用；

（二）违反规定破坏、改变建筑物外墙面的形状、颜色等损害建筑物外观；

（三）违反规定进行房屋装饰装修；

（四）违章加建、改建，侵占、挖掘公共通道、道路、场地或者其他共有部分。

第十六条 建筑物区分所有权纠纷涉及专有部分的承租人、借用人等物业使用人的，参照本解释处理。

专有部分的承租人、借用人等物业使用人，根据法律、法规、管理规约、业主大会或者业主委员会依法作出的决定，以及其与业主的约定，享有相应权利，承担相应义务。

第十七条 本解释所称建设单位，包括包销期满，按照包销合同约定的包销价格购买尚未销售的物业后，以自己名义对外销售的包销人。

第十八条 人民法院审理建筑物区分所有权案件中，涉及有关物权归属争议的，应当以法律、行政法规为依据。

第十九条 本解释自2009年10月1日起施行。

因物权法施行后实施的行为引起的建筑物区分所有权纠纷案件，适用本解释。

本解释施行前已经终审，本解释施行后当事人申请再审或者按照审判监督程序决定再审的案件，不适用本解释。

最高人民法院关于审理物业服务纠纷案件具体应用法律若干问题的解释

（2009年4月20日最高人民法院审判委员会第1466次会议通过）
法释［2009］8号

为正确审理物业服务纠纷案件，依法保护当事人的合法权益，根据《中华人民共和国民法通则》、《中华人民共和国物权法》、《中华人民共和国合同法》等法律规定，结合民事审判实践，制定本解释。

第一条 建设单位依法与物业服务企业签订的前期物业服务合同，以及业主委员会与业主大会依法选聘的物业服务企业签订的物业服务合同，对业主具有约束力。业主以其并非合同当事人为由提出抗辩的，人民法院不予支持。

第二条 符合下列情形之一，业主委员会或者业主请求确认合同或者合同相关条款无效的，人民法院应予支持：

（一）物业服务企业将物业服务区域内的全部物业服务业务一并委托他人而签订的委托合同；

（二）物业服务合同中免除物业服务企业责任、加重业主委员会或者业主责任、排除业主委员会或者业主主要权利的条款。

前款所称物业服务合同包括前期物业服务合同。

第三条 物业服务企业不履行或者不完全履行物业服务合同约定的或者法律、法规规定以及相关行业规范确定的维修、养护、管理和维护义务，业主请求物业服务企业承担继续履行、采取补救措施或者赔偿损失等违约责任的，人民法院应予支持。

物业服务企业公开作出的服务承诺及制定的服务细则，应当认定为物业服务合同的组成部分。

第四条 业主违反物业服务合同或者法律、法规、管理规约，实施妨害物业服务与管理的行为，物业服务企业请求业主承担恢复原状、停止侵害、排除妨害等相应民事责任的，人民法院应予支持。

第五条 物业服务企业违反物业服务合同约定或者法律、法规、部门规章规定，擅自扩大收费范围、提高收费标准或者重复收费，业主以违规收费为由提出抗辩的，人民法院应予支持。

业主请求物业服务企业退还其已收取的违规费用的，人民法院应予支持。

第六条 经书面催交，业主无正当理由拒绝交纳或者在催告的合理期限内仍未交纳物业费，物业服务企业请求业主支付物业费的，人民法院应予支持。物业服务企业已经按照合同约定以及相关规定提供服务，业主仅以未享受或者无需接受相关物业服务为抗辩理由的，人民法院不予支持。

第七条　业主与物业的承租人、借用人或者其他物业使用人约定由物业使用人交纳物业费，物业服务企业请求业主承担连带责任的，人民法院应予支持。

第八条　业主大会按照物权法第七十六条规定的程序作出解聘物业服务企业的决定后，业主委员会请求解除物业服务合同的，人民法院应予支持。

物业服务企业向业主委员会提出物业费主张的，人民法院应当告知其向拖欠物业费的业主另行主张权利。

第九条　物业服务合同的权利义务终止后，业主请求物业服务企业退还已经预收，但尚未提供物业服务期间的物业费的，人民法院应予支持。

物业服务企业请求业主支付拖欠的物业费的，按照本解释第六条规定处理。

第十条　物业服务合同的权利义务终止后，业主委员会请求物业服务企业退出物业服务区域、移交物业服务用房和相关设施，以及物业服务所必需的相关资料和由其代管的专项维修资金的，人民法院应予支持。

物业服务企业拒绝退出、移交，并以存在事实上的物业服务关系为由，请求业主支付物业服务合同权利义务终止后的物业费的，人民法院不予支持。

第十一条　本解释涉及物业服务企业的规定，适用于物权法第七十六条、第八十一条、第八十二条所称其他管理人。

第十二条　因物业的承租人、借用人或者其他物业使用人实施违反物业服务合同，以及法律、法规或者管理规约的行为引起的物业服务纠纷，人民法院应当参照本解释关于业主的规定处理。

第十三条　本解释自2009年10月1日起施行。

本解释施行前已经终审，本解释施行后当事人申请再审或者按照审判监督程序决定再审的案件，不适用本解释。

动产抵押登记办法

（中华人民共和国国家工商行政管理总局令第30号）

第一条 为促进资金融通和商品流通，保障债权的实现，根据《中华人民共和国物权法》、《中华人民共和国担保法》的有关规定，制定本办法。

第二条 企业、个体工商户、农业生产经营者以现有的以及将有的生产设备、原材料、半成品、产品抵押的，应当向抵押人住所地的县级工商行政管理部门（以下简称动产抵押登记机关）办理登记。未经登记，不得对抗善意第三人。

动产抵押登记可由抵押合同双方当事人共同向动产抵押登记机关办理，也可以委托代理人向动产抵押登记机关办理。

第三条 当事人办理动产抵押登记，应当向动产抵押登记机关提交下列文件：

（一）经抵押合同双方当事人签字或者盖章的《动产抵押登记书》；

（二）抵押合同双方当事人主体资格证明或者自然人身份证明文件。

委托代理人办理动产抵押登记的，还应提交代理人身份证明文件和授权委托书。

第四条 《动产抵押登记书》应当载明下列内容：

（一）抵押人及抵押权人名称（姓名）、住所地；

（二）代理人名称（姓名）；

（三）被担保债权的种类和数额；

（四）担保的范围；

（五）债务人履行债务的期限；

（六）抵押财产的名称、数量、质量、状况、所在地、所有权归属或者使用权归属；

（七）抵押人、抵押权人签字或者盖章。

第五条 动产抵押登记机关受理登记申请文件后，应当当场在《动产抵押登记书》上加盖动产抵押登记专用章并注明盖章日期。

第六条 动产抵押合同变更、《动产抵押登记书》内容变更的，抵押合同双方当事人或者其委托的代理人可以到原动产抵押登记机关办理变更登记。办理变更登记应当向动产抵押登记机关提交下列文件：

（一）原《动产抵押登记书》；

（二）抵押合同双方当事人签字或者盖章的《动产抵押变更登记书》；

（三）抵押合同双方当事人主体资格证明或者自然人身份证明文件。

委托代理人办理动产抵押变更登记的，还应当提交代理人身份证明文件和授权委托书。

第七条　动产抵押登记机关受理变更登记申请文件后，应当当场在《动产抵押变更登记书》上加盖动产抵押登记专用章并注明盖章日期。

第八条　在主债权消灭、担保物权实现、债权人放弃担保物权等情形下，动产抵押合同双方当事人或者其委托的代理人可以到原动产抵押登记机关办理注销登记。办理注销登记应当向动产抵押登记机关提交下列文件：

（一）原《动产抵押登记书》；

（二）《动产抵押变更登记书》；

（三）抵押合同双方当事人签字或者盖章的《动产抵押注销登记书》；

（四）抵押合同双方当事人主体资格证明或者自然人身份证明文件。

委托代理人办理动产抵押注销登记的，还应当提交代理人身份证明文件和授权委托书。

第九条　动产抵押登记机关受理注销登记申请文件后，应当当场在《动产抵押注销登记书》上加盖动产抵押登记专用章并注明盖章日期。

第十条　动产抵押登记机关应当根据加盖动产抵押登记专用章的《动产抵押登记书》、《动产抵押变更登记书》、《动产抵押注销登记书》设立《动产抵押登记簿》，供社会查阅。

《动产抵押登记书》、《动产抵押变更登记书》、《动产抵押注销登记书》各一式四份，动产抵押合同双方当事人各持一份；动产抵押登记机关留存两份，其中一份留作动产抵押登记档案，一份置备于《动产抵押登记簿》中。

第十一条　有关单位和个人可以持合法身份证明文件，向动产抵押登记机关查阅、抄录或者复印有关动产抵押登记的资料。

第十二条　反担保及最高额抵押适用本办法。

第十三条　本办法由国家工商行政管理总局负责解释。

第十四条　本办法自颁布之日起施行。

本办法施行之日起原《企业动产抵押物登记管理办法》（国家工商行政管理局第35号令）废止。

森林资源资产抵押登记办法（试行）

林计法［2004］89号

第一条 为规范森林资源资产抵押操作，根据《中华人民共和国森林法》、《中华人民共和国担保法》的有关规定，制定本办法。

第二条 森林资源资产抵押是指森林资源资产权利人不转移对森林资源资产的占有，将该资产作为债权担保的行为。

第三条 可用于抵押的森林资源资产为商品林中的森林、林木和林地使用权。

第四条 从事林业经营的单位和个人（以下简称抵押人）以其所有或者依法有权处分的森林、林木和林地使用权作抵押物申请借款或其他目的的，应以书面形式与抵押权人签订抵押担保合同。

第五条 森林资源资产抵押担保的范围由抵押人和抵押权人根据抵押目的商定，并在抵押担保合同中予以明确。

第六条 森林资源资产抵押担保的期限，由抵押双方协商确定，属于承包、租赁、出让的，最长不得超过合同规定的使用年限减去已承包、出让年限的剩余年限；属于农村集体经济组织将其未发包的林地使用权抵押的，最长不得超过70年。

第七条 抵押森林资源资产的登记工作由县级以上地方人民政府林业主管部门的资源管理部门负责初审，资产管理部门负责办理登记或变更登记手续，资产管理部门办理抵押登记或变更登记手续后，资源管理部门要在林权证上予以标注。办理登记和变更登记不收取费用。

第八条 可作为抵押物的森林资源资产为：

（一）用材林、经济林、薪炭林；

（二）用材林、经济林、薪炭林的林地使用权；

（三）用材林、经济林、薪炭林的采伐迹地、火烧迹地的林地使用权；

（四）国务院规定的其他森林、林木和林地使用权；

森林或林木资产抵押时，其林地使用权须同时抵押，但不得改变林地的属性和用途。

第九条 下列森林、林木和林地使用权不得抵押：

（一）生态公益林；

（二）权属不清或存在争议的森林、林木和林地使用权；

（三）未经依法办理林权登记而取得林权证的森林、林木和林地使用权（农村居民在其宅基地、自留山种植的林木除外）；

（四）属于国防林、名胜古迹、革命纪念地和自然保护区的森林、林木和林地使用权；

（五）特种用途林中的母树林、实验林、环境保护林、风景林；

（六）以家庭承包形式取得的集体林地使用权；

（七）国家规定不得抵押的其他森林、林木和林地使用权。

第十条　办理森林资源资产抵押应当遵循以下程序：

（一）抵押事项的申请与受理；

（二）抵押物的审核、权属认定；

（三）抵押物价值评估及评估项目的核准、备案；

（四）签订抵押合同；

（五）申请抵押登记；

（六）办理抵押登记手续；

（七）核发抵押登记证明书。

第十一条　以森林资源资产作抵押，抵押人应当向抵押权人出具县级以上地方人民政府核发的林权证和载有拟抵押森林资源资产的林地类型、坐落位置、四至界址、面积、林种、树种、林龄、蓄积等内容的相关资料供抵押权人审核。

第十二条　抵押权人要求对拟抵押森林资源资产进行评估的，抵押人经抵押权人同意可以聘请具有森林资源资产评估资质的评估机构和人员对拟作为抵押物的森林资源资产进行评估。森林资源资产评估应按照原国家国有资产管理局、林业部《关于发布〈森林资源资产评估技术规范（试行）〉的通知》（国资办发［1996］59号）的规定办理。

第十三条　县级以上地方人民政府林业主管部门资产管理机构应对抵押人聘请的森林资源资产评估机构和评估人员进行资质审核，对拟抵押森林资源资产评估项目予以核准或备案。

第十四条　经营国家无偿划拨森林资源资产的单位，以其经营的森林资源资产申请抵押时，应先办理相关的森林、林木出让手续。否则，抵押无效。

第十五条　抵押人和抵押权人签订抵押合同后，应持以下文件资料向森林资源资产抵押登记部门申请办理抵押登记，抵押合同自登记之日起生效。

（一）森林资源资产抵押登记申请书（见附表1）；

（二）抵押人和抵押权人法人证书或个人身份证；

（三）抵押合同；

（四）林权证；

（五）拟抵押森林资源资产的相关资料，包括：林地类型、坐落位置、四至界址、面积、林种、树种、林龄、蓄积量等；

（六）拟抵押森林资源资产评估报告；

（七）抵押登记部门认为应提交的其他文件。

第十六条　登记机关在受理登记申请材料后，应当依照国家法律、法规的规定对抵押物进行合规性审核。主要审核以下内容：

（一）申请人所提供的文件资料是否齐全、真实、有效；

（二）借款合同、抵押贷款合同是否真实、合法；

（三）抵押物权属是否清楚、有效；

（三）抵押物是否重复登记；

（四）抵押物中是否有属于禁止抵押的内容；

（五）抵押期限是否超出有关法规规定的年限。

经审核符合登记条件的，登记机关应当于受理登记申请材料后15个工作日内办理完毕登记手续，同时建立森林资源资产抵押贷款登记备案制度，如实填写《森林资源资产抵押登记簿》（见附表2），以备查阅。

第十七条 对符合抵押物登记条件的，登记机关应在该抵押物的《林权证》的“注记”栏内载明抵押登记的主要内容，发给抵押权人《森林资源资产抵押登记证》（见附表3），并在抵押合同上签注《登记证》编号、日期，经办人签字、加盖公章；对不符合抵押登记条件的，书面通知申请人不予登记并退回申请材料。

第十八条 如变更被担保主债权种类、数额或者抵押担保范围的，抵押人与抵押权人应当于做出变更决定之日起15个工作日内，持变更协议、《林权证》、原森林资源资产《登记证》和其他证明文件，向原登记机关申请办理变更登记，登记机关审查核实后给予办理变更登记。

第十九条 抵押人与抵押权人协商同意延长抵押期限的，双方应当在抵押合同期满之前1个月内，向原登记机关申请办理续期登记。抵押权人在提供抵押人未履行合同义务有效证明的情况下，也可以单方向原登记机关申请办理续期登记，续期不限。

第二十条 抵押合同期满或者抵押人与抵押权人协商同意提前解除抵押合同的，双方应当在15个工作日内，持抵押合同或者解除合同协议、《林权证》及原《登记证》向原登记机关办理注销登记。

第二十一条 已抵押森林资源资产在抵押期限内不得重复申请办理抵押登记，如抵押申请人故意隐瞒森林资源资产已抵押登记的事实，提供虚假材料骗取登记机关重复登记的，该登记无效。

第二十二条 森林资源资产抵押登记机关对受理的森林资源资产抵押登记事项，应在规定期限内办理完毕，不得拖延，无故发生拖延行为的，登记机关要对抵押申请人说明原因并致歉。

第二十三条 森林资源资产抵押登记经办人员徇私舞弊，对明知不符合登记规定的森林资源资产办理登记手续，未造成损失的，登记机关对有关责任人员予以警告；造成损失的，登记机关要视情节轻重对有关责任人员给予相应的行政处分。

第二十四条 本办法（试行）适用于国内所有从事林业生产经营的单位和个人。

第二十五条 本办法（试行）由国家林业局负责解释。

第二十六条 本办法（试行）自发布之日起施行。

关于在房地产开发项目中推行工程建设合同担保的若干规定（试行）

建市［2004］137 号

第一章　总　则

第一条　为进一步规范建筑市场主体行为，降低工程风险，保障从事建设工程活动各方的合法权益和维护社会稳定，根据《中华人民共和国建筑法》、《中华人民共和国招投标法》、《中华人民共和国合同法》、《中华人民共和国担保法》及有关法律法规，制定本规定。

第二条　工程建设合同造价在 1000 万元以上的房地产开发项目（包括新建、改建、扩建的项目），适用本规定。其他建设项目可参照本规定执行。

第三条　本规定所称工程建设合同担保，是指在工程建设活动中，根据法律法规规定或合同约定，由担保人向债权人提供的，保证债务人不履行债务时，由担保人代为履行或承担责任的法律行为。

本规定所称担保的有效期，是指债权人要求担保人承担担保责任的权利存续期间。在有效期内，债权人有权要求担保人承担担保责任。有效期届满，债权人要求担保人承担担保责任的实体权利消灭，担保人免除担保责任。

第四条　保证人提供的保证方式为一般保证或连带责任保证。

第五条　本规定所称担保分为投标担保、业主工程款支付担保、承包商履约担保和承包商付款担保。投标担保可采用投标保证金或保证的方式。业主工程款支付担保，承包商履约担保和承包商支付担保应采用保证的方式。当事人对保证方式没有约定或者约定不明确的，按照连带责任保证承担保证责任。

第六条　工程建设合同担保的保证人应是中华人民共和国境内注册的有资格的银行业金融机构、专业担保公司。

本规定所称专业担保公司，是指以担保为主要经营范围和主要经营业务，依法登记注册的担保机构。

第七条　依法设立的专业担保公司可以承担工程建设合同担保。但是，专业担保公司担保余额的总额不得超过净资产的 10 倍；单笔担保金额不得超过该担保公司净资产的 50%。不符合该条件的，可以与其他担保公司共同提供担保。

第八条　工程建设合同担保的担保费用可计入工程造价。

第九条　国务院建设行政主管部门负责对工程建设合同担保工作实行统一监督管理，

县级以上地方人民政府建设行政主管部门负责对本行政区域内的工程建设合同担保进行监督管理。

第十条 各级建设行政主管部门将业主（房地产开发商）、承包商违反本办法的行为记入房地产信息管理系统、建筑市场监督管理系统等不良行为记录及信用评估系统。

第二章 业主工程款支付担保

第十一条 业主工程款支付担保，是指为保证业主履行工程合同约定的工程款支付义务，由担保人为业主向承包商提供的，保证业主支付工程款的担保。

业主在签订工程建设合同的同时，应当向承包商提交业主工程款支付担保。未提交业主工程款支付担保的建设工程，视作建设资金未落实。

第十二条 业主工程款支付担保可以采用银行保函、专业担保公司的保证。

业主支付担保的担保金额应当与承包商履约担保的担保金额相等。

第十三条 业主工程款支付担保的有效期应当在合同中约定。合同约定的有效期截止时间为业主根据合同的约定完成了除工程质量保修金以外的全部工程结算款项支付之日起30天至180天。

第十四条 对于工程建设合同额超过1亿元人民币以上的工程，业主工程款支付担保可以按工程合同确定的付款周期实行分段滚动担保，但每段的担保金额为该段工程合同额的10%～15%。

第十五条 业主工程款支付担保采用分段滚动担保的，在业主、项目监理工程师或造价工程师对分段工程进度签字确认或结算，业主支付相应的工程款后，当期业主工程款支付担保解除，并自动进入下一阶段工程的担保。

第十六条 业主工程款支付担保与工程建设合同应当由业主一并送建设行政主管部门备案。

第三章 投标担保

第十七条 投标担保是指由担保人为投标人向招标人提供的，保证投标人按照招标文件的规定参加招标活动的担保。投标人在投标有效期内撤回投标文件，或中标后不签署工程建设合同的，由担保人按照约定履行担保责任。

第十八条 投标担保可采用银行保函、专业担保公司的保证，或定金（保证金）担保方式，具体方式由招标人在招标文件中规定。

第十九条 投标担保的担保金额一般不超过投标总价的2%，最高不得超过80万元人民币。

第二十条 投标人采用保证金担保方式的，招标人与中标人签订合同后5个工作日内，应当向中标人和未中标的投标人退还投标保证金。

第二十一条 投标担保的有效期应当在合同中约定。合同约定的有效期截止时间为投标有效期后的30天至180天。

第二十二条 除不可抗力外，中标人在截标后的投标有效期内撤回投标文件，或者中标后在规定的时间内不与招标人签订承包合同的，招标人有权对该投标人所交付的保证金不予返还；或由保证人按照下列方式之一，履行保证责任：

（一）代承包商向招标人支付投标保证金，支付金额不超过双方约定的最高保证金额；

（二）招标人依法选择次低标价中标，保证人向招标人支付中标价与次低标价之间的差额，支付金额不超过双方约定的最高保证金额；

（三）招标人依法重新招标，保证人向招标人支付重新招标的费用，支付金额不超过双方约定的最高保证金额。

第四章　承包商履约担保

第二十三条　承包商履约担保，是指由保证人为承包商向业主提供的，保证承包商履行工程建设合同约定义务的担保。

第二十四条　承包商履约担保的担保金额不得低于工程建设合同价格（中标价格）的10%。采用经评审的最低投标价法中标的招标工程，担保金额不得低于工程合同价格的15%。

第二十五条　承包商履约担保的方式可采用银行保函、专业担保公司的保证。具体方式由招标人在招标文件中作出规定或者在工程建设合同中约定。

第二十六条　承包商履约担保的有效期应当在合同中约定。合同约定的有效期截止时间为工程建设合同约定的工程竣工验收合格之日后30天至180天。

第二十七条　承包商由于非业主的原因而不履行工程建设合同约定的义务时，由保证人按照下列方式之一，履行保证责任：

（一）向承包商提供资金、设备或者技术援助，使其能继续履行合同义务；

（二）直接接管该项工程或者另觅经业主同意的有资质的其他承包商，继续履行合同义务，业主仍按原合同约定支付工程款，超出原合同部分的，由保证人在保证额度内代为支付；

（三）按照合同约定，在担保额度范围内，向业主支付赔偿金。

第二十八条　业主向保证人提出索赔之前，应当书面通知承包商，说明其违约情况并提供项目总监理工程师及其监理单位对承包商违约的书面确认书。如果业主索赔的理由是因建筑工程质量问题，业主还需同时提供建筑工程质量检测机构出具的检测报告。

第二十九条　同一银行分支行或专业担保公司不得为同一工程建设合同提供业主工程款支付担保和承包商履约担保。

第五章　承包商付款担保

第三十条　承包商付款担保，是指担保人为承包商向分包商、材料设备供应商、建设工人提供的，保证承包商履行工程建设合同的约定向分包商、材料设备供应商、建设工人支付各项费用和价款，以及工资等款项的担保。

第三十一条　承包商付款担保可以采用银行保函、专业担保公司的保证。

第三十二条　承包商付款担保的有效期应当在合同中约定。合同约定的有效期截止时间为自各项相关工程建设分包合同（主合同）约定的付款截止日之后的30天至180天。

第三十三条　承包商不能按照合同约定及时支付分包商、材料设备供应商、工人工资等各项费用和价款的，由担保人按照担保函或保证合同的约定承担担保责任。

关于在建设工程项目中进一步推行工程担保制度的意见

建市［2006］326号

推行工程担保制度是规范建筑市场秩序的一项重要举措，对规范工程承发包交易行为，防范和化解工程风险，遏制拖欠工程款和农民工工资，保证工程质量和安全等具有重要作用。建设部于2004年8月和2005年5月分别印发了《关于在房地产开发项目中推行工程建设合同担保的若干规定（试行）》（建市［2004］137号）和《工程担保合同示范文本》，并在部分试点城市取得了经验。为了进一步推行工程担保制度，现提出如下意见。

一、充分认识推行工程担保制度的意义，明确目标和原则

1. 工程担保是指在工程建设活动中，由保证人向合同一方当事人（受益人）提供的，保证合同另一方当事人（被保证人）履行合同义务的担保行为，在被保证人不履行合同义务时，由保证人代为履行或承担代偿责任。引入工程担保机制，增加合同履行的责任主体，根据企业实力和信誉的不同实行有差别的担保，用市场手段加大违约失信的成本和惩戒力度，使工程建设各方主体行为更加规范透明，有利于转变建筑市场监管方式，有利于促进建筑市场优胜劣汰，有利于推动建设领域治理商业贿赂工作。

2. 工作目标：2007年6月份前，省会城市和计划单列市在房地产开发项目中推行试点；2008年年底前，全国地级以上城市在房地产开发项目中推行工程担保制度试点，有条件的地方可根据本地实际扩大推行范围；到2010年，工程担保制度应具备较为完善的法律法规体系、信用管理体系、风险控制体系和行业自律机制。

3. 基本原则：借鉴国际经验，结合中国国情，坚持促进发展与防范风险相结合，政府推进与行业自律相结合，政策性引导与市场化操作相结合，培育市场与扶优限劣相结合。发挥市场机制作用，结合信用体系建设，调动各方积极性，积极推行工程担保制度。

二、积极稳妥推进工程担保试点工作

4. 近几年来，一些地方在建立和推行工程担保制度方面开展了有成效的工作。2005年10月，建设部确定天津、深圳、厦门、青岛、成都、杭州、常州等七城市作为推行工程担保试点城市，为进一步推行工程担保制度积累了经验。各省、自治区、直辖市建设行政主管部门应在2007年3月底前确定本地区的工程担保试点城市或试点项目。

5. 各地要针对推行工程担保制度过程中存在的问题，如相关法律法规滞后，工程担保市场监管有待加强，专业化担保机构发育不成熟，工程担保行为不规范等，加强调查研究，及时总结经验，根据相关法律法规和本地区的实际情况，制定本地区实施工程担保制度的相关管理规定，推动地方工程担保制度的实施。

6. 工程建设合同造价在1000万元以上的房地产开发项目（包括新建、改建、扩建的项目），施工单位应当提供以建设单位为受益人的承包商履约担保，建设单位应当提供以施工单位为受益人的业主工程款支付担保。不按照规定提供担保的，地方建设行政主管部门应当要求其改正，并作为不良行为记录记入建设行业信用信息系统。其他工程担保品种除了另有规定外，可以由建设单位、施工单位自行选择实行。除了《关于在房地产开发项目中推行工程建设合同担保的若干规定（试行）》中所规定的投标担保、承包商履约担保、业主工程款支付担保、承包商付款担保等四个担保品种外，各地还应积极鼓励开展符合建筑市场需要的其他类型的工程担保品种，如预付款担保、分包履约担保、保修金担保等。

三、加强工程担保市场监管

7.《关于在房地产开发项目中推行工程建设合同担保的若干规定（试行）》已经明确："国务院建设行政主管部门负责对工程建设合同的担保工作实行统一监督管理，县级以上地方人民政府建设行政主管部门负责对本行政区域内的工程建设合同担保进行监督管理。"各级建设行政主管部门要落实责任，明确目标，加大工作力度，积极稳妥推进工程担保制度。

8. 提供工程担保的保证人可以是在中华人民共和国境内注册的有资格的银行、专业担保公司、保险公司。专业担保公司应当具有与当地行政区域内的银行签订的合作协议，并取得银行一定额度的授信，或根据中国银行业监督管理委员会的规定具备与银行开展授信业务的条件。银行、专业担保公司、保险公司从事工程担保应当遵守相关法律法规和建设行政主管部门的有关规定。

9. 专业担保公司从事工程担保业务应符合资金规模和人员结构的要求，并在地方建设行政主管部门进行备案。专业担保公司开展工程担保业务应向地方建设行政主管部门报送反映其经营状况及相关资信的材料。地方建设行政主管部门应当根据本地区的实际情况，引导市场主体在工程建设活动中，要求具有与其所担保工程相适应的自有资金、专业人员的专业担保公司提供担保。

10. 已开展工程担保的地区应当尽快建立对专业担保公司资信和担保能力的评价体系，使专业担保公司的信用信息在行业内公开化，以利于当事人对其选择和发挥行业与社会的监督作用。

11. 担保金额是指担保主合同的标的金额，担保余额是指某时点上已发生且尚未解除担保责任的金额，担保代偿是指保证人按照约定为债务人代为清偿债务的行为，再担保是指再担保人为保证人承保的担保业务提供全部保证或部分保证责任的担保行为。

12. 专业担保机构的担保余额一般应控制在该公司上一年度末净资产的10倍，单笔履约担保的担保金额不得超过该公司上一年度末净资产的50%，单笔业主工程款支付担保的担保金额不得超过该公司上一年度末净资产的20%。

13. 要尽快建立工程担保信息调查分析系统，便于对保证人的数量、市场份额、担保代偿情况、担保余额和保函的查询、统计和管理工作，担保余额超出担保能力的专业担保机构限制其出具保函或要求其做出联保、再担保等安排。

14. 工程担保监管措施完善的地方，在工程担保可以提交银行保函、专业担保公司或保险公司保函的情况下，应由被保证人自主选择其担保方式，但其提交的担保必须符合有关规定。使用外资建设的项目，投资人对工程担保有专门要求的除外。

15. 各地建设行政主管部门可以根据本地区的实际情况，制定合理的担保费率的最低限额，避免出现恶性竞争影响担保行业的健康发展。

四、规范工程担保行为

16. 地方建设行政主管部门可以参考建设部颁发的工程担保合同示范文本，制定本地区统一使用的工程担保合同或保函格式文本。

17. 保证人提供的保证方式应当是连带责任保证。保证人应当建立健全对被保证人和项目的保前评审、保后服务和风险监控制度，加强内部管理，规范经营。保证人对于承保的施工项目，应当有效地进行保后风险监控工作，定期出具保后跟踪调查报告。

18. 在保函有效期截止前30日，被保证人合同义务尚未实际履行完毕的，保证人应当对被保证人作出续保的提示，被保证人应当及时提交续保保函。被保证人在保函有效期截止日前未提交续保保函的，建设行政主管部门将该行为记入建设行业信用信息系统，并可以按照有关规定予以处理。

19. 工程担保保函应为不可撤销保函，在保函约定的有效期届满之前，除因主合同终止执行外，保证人、被保证人和受益人都不得以任何理由撤保。

20. 保证人要求被保证人提供第三方反担保的，该反担保人不得为受益人或受益人的关联企业。

21. 工程建设单位依承包商履约保函向保证人提出索赔之前，应当书面通知施工单位，说明导致索赔的原因，并向保证人提供项目总监理工程师及其监理单位对索赔理由的书面确认。项目总监理工程师及其监理单位应当在承发包合同约定的时间内对建设单位的索赔理由进行核实并作出相应的处理。施工单位依业主工程款支付保函向保证人提出索赔之前，应当书面通知建设单位和保证人，说明导致索赔的原因。建设单位应当在14天内向保证人提供能够证明工程款已按约定支付或工程款不应支付的有关证据，否则保证人应该在担保额度内予以代偿。

五、实行保函集中保管制度

22. 地方建设行政主管部门可以实行保函集中保管制度。建设行政主管部门可以委托建设工程交易服务中心或相关单位具体实施保函保管、工程担保信息的统计分析工作以及对索赔处理的监管。

23. 建设单位在申办建设工程施工许可证前，应当将施工单位提供的承包商履约保函原件和建设单位提供的业主工程款支付保函原件提交建设行政主管部门或其委托单位保管。工程投标担保提倡以保函形式提交，把投标保函纳入集中保管的范围。实行分段滚动担保的，应将涵盖各阶段保证责任的保函原件分阶段提交建设行政主管部门或其委托单位保管。

24. 建设行政主管部门或其委托单位应当对保函的合规性（包括保证人主体的合规性和保函条件的合规性等）进行审核，发现保函不合规的，不予收存。建设行政主管部门或其委托单位对保函的真实性不承担责任，但有权对保函的真实性进行核查。建设单位、施工单位提供虚假担保资料或虚假保函的，建设行政主管部门将该行为记入建设行业信用信息系统，并可以根据相关规定给予处分。

25. 在保函约定的有效期内发生索赔时，索赔方可凭索赔文件到建设行政主管部门或其委托单位取回被索赔方的保函原件，向保证人提起索赔。经索赔后，如被索赔方的主合同义务尚未履行完毕，索赔方应当将被索赔方的保函原件交回建设行政主管部门或其委托单位保管；如被索赔方的保函金额已不足以保证主合同继续履行的，索赔方应当要求被索赔方续保，并将续保的保函原件送交建设行政主管部门或其委托单位保管。

26. 工程建设单位、施工单位的主合同义务已实际履行完毕，应当分别凭施工单位出具的工程款支付情况证明或工程竣工验收证明文件以及由建设行政主管部门出具的保函收讫证明原件，由保函受益人到建设行政主管部门或其委托单位分别取回保函原件，退回保证人。

27. 在保函有效期届满前，建设工程因故中止施工三个月以上，或建设工程未完工但工程承包合同解除，需要解除担保责任的，工程建设单位、施工单位经协商一致，应当凭双方中止施工的协议、中止施工的情况说明或合同解除备案证明，到建设行政主管部门或其委托单位取回保函原件，办理解除担保手续，恢复施工前应当按规定重新办理担保手续。

28. 建设行政主管部门或其委托单位应当建立保证人工程担保余额台账，进行有关信息的统计和管理工作，建立相应的数据库，为保证人的担保余额、保函的查询提供方便条件。

六、加快信用体系建设

29. 各地要按照建设部《关于加快推进建筑市场信用体系建设工作的意见》、《建筑市场诚信行为信息管理试行办法》和《全国建筑市场责任主体不良行为记录基本标准》等有关规定，加快建筑市场信用体系建设，为推行工程担保制度提供支持。

30. 保证人可依据建筑市场主体在资质、经营管理、安全与文明施工、质量管理和社会责任等方面的信用信息，实施担保费率差别化制度。对于资信良好的建设单位、施工单位，应当适当降低承保条件，实现市场奖优罚劣的功能。

31. 保证人在工程担保业务活动中存在以下情况的，应记入建筑市场信用信息系统，并作为不良行为记录予以公布，情节严重的，应禁止其开展工程担保业务：

（1）超出担保能力从事工程担保业务的；

（2）虚假注册、虚增注册资本金或抽逃资本金的；

（3）擅自挪用被保证人保证金的；

（4）违反约定，拖延或拒绝承担保证责任的；

（5）在保函备案时制造虚假资料或提供虚假信息的；

（6）撤保或变相撤保的；

（7）安排受益人和被保证人互保的；

(8) 恶意压低担保收费，进行不正当竞争的；

(9) 不进行风险预控和保后风险监控的；

(10) 其他违反法律、法规规定的行为。

七、加强行业自律、宣传培训和专题研究

32. 建设行政主管部门、行业自律组织应积极宣传、介绍工程担保制度，开展有关的培训工作，特别应当注重对专业担保公司从业人员的培训，有条件的地方可以组织专业担保公司从业人员进行专业性的考核。

33. 建设行政主管部门、行业自律组织、有关科研机构应加强对工程担保推行情况的调研工作，进一步深化对工程担保品种、模式的研究，及时总结实践经验，设计切实可行的担保品种，推广有效的工程担保模式，促进工程担保制度健康发展。